개발자를 위한
챗GPT
― 활용법 ―

"챗GPT는 가장 인내심 있고,
자상한 과외 선생님이 되어줄 것이다"

오현석 지음

심통

개발자를 위한 챗GPT 활용법

초판 1쇄 발행 2023년 3월 31일
초판 2쇄 발행 2023년 4월 28일

지은이 오현석
펴낸이 방세근
펴낸곳 도서출판 심통
출판등록 2003년 3월 24일
주소 경기도 의정부시 전좌로 204, 203호
전화 번호 070-7397-0492
팩스 번호 031-624-4830
이메일 basaebasae@naver.com
인쇄/제본 미래 피앤피
표지 디자인 디박스
내지 디자인 프롬디자인

가격 19,000원
ISBN 979-11-979730-2-4

이것이 바로 ChatGPT다!

　필자는 대학원에서 머신러닝을 공부하고 졸업한 후 지금까지 계속 인공지능 관련 분야에 종사하고 있다. 2017년 최초로 ChatGPT의 모태가 되는 아키텍처가 소개된 논문인 "Attention is All You Need"를 접했을 때 크게 충격을 받았다. 이 논문에 나오는 '트랜스포머'는 이후 CVPR, ICML 등 유명한 학회들에서도 가장 핫한 트렌드가 되었고, 이제는 ChatGPT라는 황금 알을 낳아 전 세계적으로 그 열풍이 확산되고 있다. 과연 ChatGPT가 무엇이길래 이렇게 전 세계가 열광하는지, 이 책 한 권으로 ChatGPT의 원리부터 활용 방법까지 살펴보도록 하자.

　인공지능과 머신러닝 분야는 최근에 급격히 발전했고, 그중 가장 흥미로운 발전은 OpenAI의 ChatGPT와 같은 거대 언어 모델을 꼽을 수 있다. ChatGPT는 인간과 같은 자연스러운 텍스트를 생성하는 능력과 더불어 우리가 컴퓨터와 상호 작용하는 방식에 혁신을 가져왔다.

　이 책에서 우리는 ChatGPT를 탐구하고, 그 능력을 심도 있게 살펴볼 것이다. 또한 언어 모델의 간단한 역사를 알아보고, ChatGPT의 개발 과정과 동작 원리도 살펴볼 것이다. 뿐만 아니라 이렇게 열광의 중심에 있는 ChatGPT의 활용 방법을 살펴봄으로써 우리의 삶에 ChatGPT가 스며들도록 할 것이다. 이를 통해 전공자들은 ChatGPT를 자신의 프로그램에 다양한 방법으로 활용할 수 있도록 하고, 비전공자들도 개발 공부 시 도움이 되는 다양한 활용 방법들을 배울 수 있도록 할 것이다.

이 책의 독자분들은 컴퓨터 과학 분야의 과학자, AI 전공자나 단지 과학의 미래에 관심이 많은 개발자 또는 개발에 관심이 있는 일반인일 수도 있다. 이 책은 그들 모두에게 ChatGPT에 대한 통찰력 있는 이해를 제공할 것이며, 이는 우리가 인공지능을 바라보는 시각을 바꿔 놓을 것이다.

이 책의 끝에 다다르면 여러분은 ChatGPT가 무엇인지, 어떻게 동작하는지 그리고 특정 용도에 ChatGPT를 어떻게 사용해야 하는지를 알게 될 것이다. 그럼 이제 ChatGPT의 놀라운 세계를 이해하기 위한 여정을 떠나 보자!

2023년 3월 저자 드림

···

차례

3 장 ChatGPT로 프로그래밍 공부하기

4 장 ChatGPT를 개발 업무에 활용하기

ChatGPT 이해하기

ChatGPT의 정의와 언어 모델에 대해 살펴봄으로써 ChatGPT의 원리에 대해 알아보고, 사람들이 왜 ChatGPT에 열광하는지도 살펴보도록 하겠다.

01 ChatGPT란?

ChatGPT(챗GPT)는 2023년 초 기준으로 OpenAI(오픈 AI)에서 개발한 가장 최신 언어 모델이다. ChatGPT의 GPT는 Generative Pre-trained Transformer의 약자로, Generative는 '텍스트를 생성'한다는 의미고 Pre-trained는 모델이 특정 작업들에 미세 튜닝되기 전에 방대한 '텍스트 데이터를 미리 학습'했다는 의미다. 여기서 모델은 텍스트 생성 작업을 수행하는 모델이고, 그 아키텍처는 Transformer(트랜스포머)다. 트랜스포머는 2017년 "Attention is All You Need"라는 매우 유명한 논문에서 소개된 인코더-디코더 구조(입력 데이터를 인코딩하여 고정길이 벡터를 생성하고, 이 벡터를 디코더에서 다시 디코딩하여 출력을 생성하는 구조)의 신경망이다.

다시 말해 ChatGPT는 대규모 언어 모델이기 때문에 방대한 텍스트 데이터를 학습에 활용했고, 트랜스포머의 구성 요소 중 디코더 부분을 활용하고 있다.

이와 같이 방대한 텍스트 데이터를 학습함으로써 ChatGPT는 단순히 문법적으로 오류가 없는 텍스트를 생성하는 것을 넘어 문맥상으로도 적절하고 의미가 있는 텍스트를 생성하게 된다. 또한 발전된 아키텍처와 학습 프로세스를 통해 ChatGPT의 결과 텍스트는 사람이 쓴 글과 거의 구분하기 힘들 정도의 수준을 보이고 있다.

ChatGPT는 사람이 쓴 것과 같은 텍스트를 출력한다는 점에서 수많은 사람들이 열광하고 있다. 이 능력을 활용하면 챗봇을 만들 수 있고 가상 비서와 대화를 나누거나 게임이나 영화 등에서 로봇과 더 현실적인 대화를 구현하는 것도 가능해진다. 또한 ChatGPT는 AI와 머신러닝, 딥러닝 분야에서 아주 빠르게 발전한 사례로써 사회 및 과학계의 미래에 중요한 영향을 줄 것이다.

정리하면 ChatGPT는 사람이 쓴 것과 같은 텍스트를 생성해낼 수 있는 최신 언어 모델로, 무궁무진한 활용 가능성을 지닌 흥미로운 기술로 발돋움하고 있다.

02 언어 모델이란?

언어 모델이란 인간의 언어와 비슷한 텍스트 (또는 음성 등)을 출력하기 위해 대규모의 언어 데이터를 학습한 딥러닝 모델이다. 인간의 방대한 언어 데이터 (예:텍스트, 음성 등)를 사용해 학습함으로써 주어진 단어들의 시퀀스에서 다음에 나올 단어의 확률을 예측하게 된다.

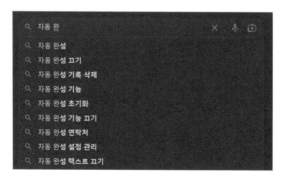

구글의 자동 완성 기능

우리가 스마트폰을 사용하다 보면 '자동 완성' 기능을 한 번쯤은 봤을 것이다. 이 자동 완성 기능이 일종의 언어 모델이라고 볼 수 있다. 만약 우리가 '백설공주는 독사과를 (먹었다/펼쳤다)'라는 문장을 보면 다음으로 나올 말이 '먹었다'일 확률이 '펼쳤다'일 확률보다 훨씬 높다는 것을 자연스럽게 알 수 있다. 이는 우리가 사용하는 문장들의 시퀀스에 어떤 패턴과 관계가 존재하는지를 어릴 때부터 계속 학습했기 때문이다. 언어 모델은 기본적으로 이런 시퀀스 내에서 단어의 확률을 예측하는 모델이다.

언어 모델은 일반적으로 인코더-디코더 구조로 동작한다. 여기서 인코더는 입력 데이터를 숫자들의 집합 형태의 새로운 표현형으로 바꿔주고, 디코더는 이런 숫자들의 집합을 활용해 결과 텍스트를 생성한다. 이 과정을 가능하게 하기 위해 인코더는 일반적으로 인공 심층 신경망으로 구성되어 단어들을 Dense 한(0이 아닌 숫자들이 빽빽한) 벡터 형태로 바꾸는 '워드 임베딩' 과정을 수행한다. 그리고 이렇게 임베딩된 벡터는 신경망의 여러 은닉층들을 통과한다. 이때 은닉층들은 입력과 출력이 비선형 특징을 갖는 함수를 사용하는데(이를 활성화 함수라고 부름), 이렇게 비선형적인 함수를 사용하면 문장 내에서 단어들의 복잡한 관계를 모델이 학습할 수 있다.

디코더는 최종 출력으로 텍스트와 같이 인간의 언어를 출력하는데, 단어를

TIP BOX! •• **트랜스포머란?**

트랜스포머는 기계 번역, 감정 분석, 텍스트 요약 등 복잡한 자연어 처리를 위한 딥러닝 모델의 한 종류다. 이 아키텍처는 2017년 구글의 "Attention is All You Need"라는 논문에서 처음 소개되었고, 이후 이 모델의 우수한 시퀀스 데이터 처리 능력 덕분에 자연어 처리 분야에서 큰 인기를 끌었다. 트랜스포머는 입력 문장에서 중요한 부분에 집중하는 어텐션 메커니즘을 기반으로 동작하며, 이를 통해 효과적으로 입력 시퀀스 데이터를 처리할 수 있다.

하나씩 순차적으로 출력하는 모델(순환 신경망)과 시퀀스에서 각 단어들의 순서를 미리 정하고, 이 중 어디가 중요한지를 잘 관찰(이를 어텐션 메커니즘이라고 부름)해 한 번에 병렬적으로 처리해서 결과 텍스트를 생성하는 트랜스포머가 있다.

언어 모델의 최종 목표는 주어진 입력 텍스트에 대해 가장 그럴듯한 문장을 출력해내는 것이다. 그런데 이런 언어 모델에서 흥미로운 점은 언어 모델이 처음 들어보는 복잡한 질문에도 답을 잘한다는 것이다. 단순히 구글 검색과 같이 이미 저장된 정답을 불러오는 방식이나 다음에 나올 가장 높은 확률의 단어를 찾는 것은 직관적이다. 그러나 생소한 질문에 답을 잘하기 위해서는 질문을 이해해야 하고, 질문과 관련된 정답을 알아야 하며, 파편화된 정보들을 적절히 조합할 줄도 알아야 한다. 뿐만 아니라 질문에 적절한 방식으로 대답해야 한다.

언어 모델은 먼저 질문 텍스트에서 중요한 정보들을 응축해 컨텍스트 벡터로 만들어 내고, 이 벡터가 학습 데이터에 있는 경우 문제를 비교적 단순한 '정보 획득Information Retriever' 문제로 접근해 질문의 정답을 기존 학습 데이터에서 찾아 답변하는 방식을 취한다. 생소한 질문에 대해서도 답변할 수 있는데, 이 경우 지금까지 학습한 질문-답변들의 언어 지식과 개념들에 대한 이해로 답변을 생성하게 된다.

예를 들어, 만약 질문이 "프랑스의 수도는?"이라면 이는 단순한 정보 획득 문제로, 기존 학습 데이터의 '프랑스의 수도는 파리다'를 통해 "파리"라고 답할 수 있게 된다. 그러나 만약 질문이 "기후 변화의 주요 원인들은 무엇일까?"인 경우 만약 학습 데이터에 직접적 내용이 없다면 '온실 가스는 기후 변화에 영향을 준다', '삼림 파괴는 기후 변화에 영향을 준다', '화석 연료 사용은 기후 변화에 영향을 준다'라는 개별 정보들에 대한 언어 지식과 개념들에 대한 이해를 사용해 "온실 가스, 삼림 파괴, 화석 연료 사용은 기후 변화의 주요 원인들입니다"라는 대답을 할 수 있는 것이다. 이는 '온실 가스, 삼림 파괴, 화석 연료 사용' 이라는 단어와 '기후 변화'라는 단어에 대한 개념을 이해하고, 그 관계성을 알고 있어야 해당 질문에 대답을 할 수 있게 되므로 단순한 정보 획득 문제를 넘어선다.

이렇게 언어 모델은 수많은 언어 데이터를 통해 단어들이나 문장들 간의 통계적 연관성과 언어의 패턴을 학습함으로써 질문 응답, 텍스트 생성, 기계 번역, 텍스트 분류, 대화, 텍스트 요약 등의 고차원적인 작업들을 수행할 수 있다.

03 ChatGPT는 생각을 하는가?

ChatGPT의 정교한 답변을 보고 있다 보면 '혹시 ChatGPT가 자아를 갖고 생각하며 대화하나?!'라는 의문이 든다. 그런데 우리는 앞서 ChatGPT가 언어의 패턴과 통계적 연관성을 통해 글을 출력한다는 것을 배웠다. 즉, 문장에서 다음에 나올 단어의 확률을 계산하는 기계와 가깝다. 이렇게 문장에서 다음에 나올 단어의 확률을 계산하는 기계가 생각을 한다고 할 수 있을까?

세기의 천재 중 한 명인 앨런 튜링은 그의 유명한 1950년 논문 "Computing Machinery and Intelligence(Turing A., 2009)"에서 '기계는 생각을 하는가?'라는 질문으로부터 이 실마리를 제공했다(튜링은 여기서 '생각'이란 무엇인지 정의하기보다는 어떻게 지능을 측정할 수 있을지에 대한 관점을 제공했다).

이 논문에서 '튜링 테스트(이미테이션 게임이라고도 부름)'가 나오는데, 간략하게 서술하면 사람과 컴퓨터가 대화하는 모습을 보고 제3자가 누가 컴퓨터고 누가 사람인지 구분 가능한지를 보는 것이다. 만약 컴퓨터의 대화 능력이 엉성하면 쉽게 구분될 수 있겠지만, 사람의 수준으로 대화한다면 구분이 힘들 것이다. 튜링은 이런 방식의 테스트를 통해 기계의 지능을 가늠할 수 있다고 생각했다. 여기서 튜링은 컴퓨터가 인간 수준으로 대화하는 '원리'와 '과정'이 얼마나 인간의 방식과 유사한지가 기계의 생각 여부를 결정하기보다는 결과적으로 인간 수준의 대화 능력을 보여주는지가 더 중요하다고 생각한 것이 아닐까 싶다.

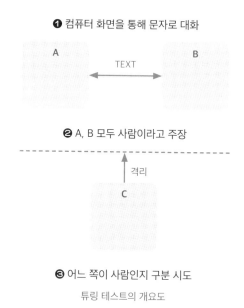

튜링 테스트의 개요도

비행기는 새보다 하늘을 빨리 날지만, 새처럼 날지는 않는다. 고속 주행 잠수함은 바다에서 그 어떤 물고기보다 빠르지만, 그 또한 물고기처럼 헤엄치지는 않는다. 이세돌을 이긴 알파고 역시 이세돌보다 바둑을 잘 두지만, 이세돌의 사고 방식과 동일하게 바둑을 두지는 않는다. 과연 생각을 하고, 글을 생성해 내는 방식이 꼭 인간과 같아야 하는지에 대해 우리가 다시 생각해 볼 필요가 있는 대목이다. 앞으로 배우는 언어 모델 또한 우리와 다른 방식으로 문장을 생성한다. '생각을 한다'라는 것의 정확한 정의가 무엇인지는 알기 힘들지만, 적어도 ChatGPT는 '우리와 같은 방식으로 생각을 한다'라고 할 수는 없을 것이다.

지금까지 우리는 ChatGPT가 언어 모델의 한 종류고, 우리와는 다른 방식으로 글을 생성한다는 것을 배웠다. 이제 우리는 ChatGPT가 갖고 있는 인간과 다른 관점을 주지하고 언어 모델이 글을 생성하는 방법에 대해 배워볼 것이다.

04 ChatGPT의 간단한 동작 원리 이해하기

ChatGPT는 트랜스포머의 인코더-디코더 아키텍처(구체적으로는 이 중 디코더 부분 사용)에 기반한 딥러닝 모델이다. 따라서 먼저 트랜스포머의 인코더-디코더 아키텍처를 설명하도록 하겠다. 앞에서 인코더는 텍스트를 입력받아 이를 숫자들의 집합 형태의 표현형으로 바꿔주고, 디코더는 인코딩된 숫자들의 집합 형태의 표현형과 이전에 출력했던 내용을 입력받아 텍스트를 출력한다는 것을 배웠다. 이 과정에서 모델은 어텐션 메커니즘이라는 아주 중요한 방법을 사용하는데, 이는 문장 출력 시 입력 문장에서 문장 내 단어들 간의 관계 또는 중요한 부분들에 집중할 수 있게 해주는 기법이다. 즉, 어텐션 메커니즘은 마치 우리가 학창 시절 영어 문장을 해석하면서 중요한 부분에 밑줄을 치며 더 집중해 해석하는 것과 유사한 역할을 한다.

인코더와 디코더 내에는 여러 겹으로 많은 층에 걸쳐서 모듈들이 구성되어 있는데, 각각의 층은 셀프 어텐션self-attention과 전방향 신경망feed-forward neural network으로 구성되어 있다.

셀프 어텐션은 입력 시퀀스 내의 각 단어들이 서로 어떤 관계를 가지고 있는지를 파악하고, 이를 기반으로 임베딩 벡터(텍스트를 빽빽한 숫자들로 바꾼 벡터)를 업데이트하는 역할을 한다.

즉, 트랜스포머의 인코더는 입력 시퀀스를 임베딩하고, 셀프 어텐션을 통해 각 단어의 관계를 파악한 후, 이를 다시 전방향 신경망으로 처리하여 인코딩된 벡터를 생성한다.

디코더는 인코더에서 생성된 벡터와 출력 시퀀스의 이전 단어들을 입력으로 받아, 이전 단어들을 기반으로 다음 단어를 예측하는 작업을 수행한다.

이제 ChatGPT의 학습 과정을 살펴보면 대규모의 텍스트 데이터를 입력으로 넣고, 손실 함수를 최소화하기 위해 모델의 파라미터를 최적화하게 된다. 손실 함수란 모델이 생성한 텍스트와 정답 데이터 간의 차이를 측정하는 함수로, 모델이 정답 텍스트와 동떨어진 텍스트를 생성할수록 손실 함수의 값은 더욱 커진다. 모델은 경사 하강법(딥러닝 모델의 파라미터의 변화에 따른 손실값의 변화율을 보며 파라미터를 업데이트하는 방법) 기반의 최적화 알고리즘을 사용해 손실값이 작아지는 방향으로 모델 파라미터를 업데이트하며, 이 과정에서 강력한 GPU^Graphic Processing Unit(쉽게 말해 좋은 그래픽 카드라고 이해하면 된다)를 사용해 학습 과정을 가속화한다.

학습이 끝나면 ChatGPT는 텍스트 데이터에 있는 패턴과 상관 관계에 대해 학습함으로써 주어진 요청에 대해 사람과 동일한 텍스트 문장을 생성하게 된다. 이때 생성된 텍스트의 품질은 학습 시 사용한 데이터의 크기와 품질 그리고 학습 모델의 파라미터 수에 의존한다.

요약해 보면 ChatGPT는 트랜스포머 기반의 아키텍처를 사용하고, 어텐션 메커니즘을 통해 입력 문장의 단어 관계 및 중요한 부분을 더 잘 포착할 수 있다. 또한 대규모 텍스트 데이터를 사용해 학습된다(추후 모델 학습 테크닉에서 딥러닝 기법과 강화 학습 기법이 어떻게 함께 활용되어 학습되는지 살펴볼 것이다). 그리고 그 결과 ChatGPT는 사람이 쓴 것과 같은 텍스트를 생성해낼 수 있게 된다.

05 사람들은 왜 ChatGPT에 열광하는가?

이세돌과 알파고의 세기의 바둑 대결을 기억하는가? AI 열풍은 여러 중요한 사건들과 함께 생겨났으나, 그중 하나가 바로 2016년 알파고가 이세돌과의 바둑 경기에서 이긴 사건일 것이다. 이것이 화제가 된 이유는, 모두들 바둑과 같이 경우의 수가 우주 전체의 원자 수보다도 압도적으로 많은 복잡한 게임에서는 컴퓨터가 경우의 수를 모두 고려하기 힘들므로 AI가 최정상급 인간을 이기려면 수십년 이상 걸릴 것으로 예상했기 때문이다. 그러나 결과는 4대 1이라는 압도적인 차이로 AI가 승리했다. 최근에는 AI와 AI의 경기에서 사람이 배우는 문화가 생길 정도로 AI는 무섭게 발전했다. 인간만이 통찰력을 발휘해 우수한 능력을 보일 것이라고 믿었던 분야에서 AI에게 압도당한 것은 우리에게 크나큰 충격이었다.

이런 알파고의 성공은 AI 분야에 대한 투자 물결을 불러일으켰으며, 많은 사람들은 AI를 더 이상 공상과학의 판타지가 아닌 것으로 보았다. AI가 가까운 미래에는 세상을 바꿀 수 있다고 본 것이다.

그러나 AI의 등장에 마냥 환호하는 사람들만 있던 것은 아니었다. 과거 과학 기술 발전에 반대해 일어난 러다이트 운동이 기계를 파괴했던 것처럼 오늘날에도 AI가 수많은 직업들을 대체함으로써 대량 실업 사태를 야기할 것으로 보고 우려하는 사람들도 많았다. 과거 산업 혁명을 통해 수많은 기계들이 생겨

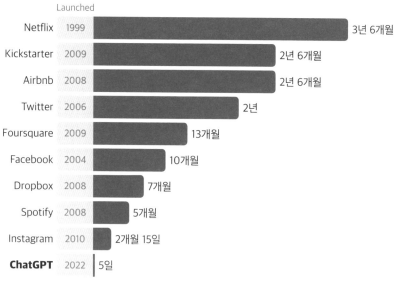

	Launched	
Netflix	1999	3년 6개월
Kickstarter	2009	2년 6개월
Airbnb	2008	2년 6개월
Twitter	2006	2년
Foursquare	2009	13개월
Facebook	2004	10개월
Dropbox	2008	7개월
Spotify	2008	5개월
Instagram	2010	2개월 15일
ChatGPT	2022	5일

여러 서비스별 100만 명 이용자 달성기간(출처: statista)

났고, 그 과정에서 많은 직업들이 사라진 것은 사실이지만, 그 이상으로 수많은 새로운 직종이 생겨났다. 분명 앞으로 AI는 수많은 직업들을 자동화의 물결을 타고 사라지게 하겠지만, 또 다른 직업들이 생겨날 것이고 이는 산업계의 하나의 진화 과정이 아닐까 생각된다.

다시 주제로 돌아와서 사람들의 ChatGPT에 대한 환호는 무엇에서 시작된 것일까? 이는 인간이 AI보다 잘할 것이라고 믿어 왔던 분야에서 AI가 우월한 성능을 보인 데서 시작되었다고 볼 수 있다. '글을 쓴다'라는 것은 상상력, 통찰력과 지식 그리고 세상을 보는 관점을 필요로 한다. 뿐만 아니라 언어 자체에 대한 깊은 이해도 필요하다. 인간의 언어는 컴퓨터의 언어와 비교하면 때로는 중의적이고 비논리적이며 모호하다. 그런데 글쓰기에서 인공지능이 인간 이상의 능력을 보인다면 어떨까? 모두에게 충격을 주기에 충분할 것이다. 인공지능은 인간과 다르게 지치지 않고 빠르게 인간이 일평생 담을 수 있는 지식 이상의 지식을 자유롭게 활용해 글을 쓸 수 있다. 따라서 창의적인 분야에서 AI의 활용은 적어도 생산적인 사람들에게는 능력을 증강해 주는 파트너 역할을 할 수 있고, 더 발전하면 평균적인 아웃풋의 비교적 단순한 업무를 하는 사람들을 대체할 가능성도 충분히 있다.

하지만 ChatGPT에도 여전히 한계는 있다. 언어에 대한 구조적, 통계적 이해에 기반한 ChatGPT는 일상적인 대화와 같이 개념에 대한 깊은 이해나 개인적인 느낌과 같이, 삶의 경험을 통해 쌓아야 하는 개념들에 대한 이해는 부족하다. 일상적 대화문들을 입력 데이터로 학습해 마치 일상적으로 대화하도록 흉내 낼 수는 있겠지만, 진정으로 자아를 갖고 개인적 감상을 통한 대화는 하지 못한다(물론, AI가 반드시 인간의 방식으로 생각해야 하는 것은 아니다). 또한 범용적으로 다양한 태스크를 수행하는 범용 인공지능이라 하기에도 많이 부족하다. 더러는 특이점(범용 인공지능이 자기 자신을 개선시킬 수 있을 만큼 지능이 발전한 순간)이 이미 왔다고 주장하는 사람도 있지만, 아직은 갈 길이 멀다.

그럼에도 불구하고 ChatGPT의 등장은 충분히 의미 있는 사건이다. 우선 거대 언어 모델의 효용성을 충분히 보여주는 사례이자 앞으로 AI 분야에 또 다른 투자 물결을 불러일으킴으로써 한층 더 AI 분야가 성장하는 계기가 될 수 있기 때문이다. 뿐만 아니라 단순한 반복 업무들, 평균 이하의 창의적 활동들, 간단한 코딩 등의 비효율적인 작업들이 AI로 대체됨으로써 인간은 더욱 창의적이고 고차원적인 업무들에 집중할 수 있는 시간을 확보하게 될 것으로 기대할 수 있기 때문이다. 필자의 경우만 보더라도 매일 ChatGPT를 간단한 함수들, 모듈들을 구현하는 데 활용하고 있다. 데이터 전처리, 코드 문서화, 리팩토링, 디버깅 등 다양한 업무에 종합적으로 활용하고 있다. 추후 개발자로서 어떻게 개발에 ChatGPT를 효과적으로 활용할 수 있는지 상세히 다룸으로써 개발 업무 활용에 조금이나마 도움이 될 수 있기를 간절히 희망한다.

ChatGPT의
발전 과정 알아보기

ChatGPT 시리즈의 기원부터 진화 과정 그리고 챗봇에 대해 알아보자.

01 GPT 이전의 챗봇들

먼저 ChatGPT의 전신이 되는 챗봇들을 설명하지 않을 수 없다. 우리에게는 '심심이' 정도가 쉽게 접해 본 챗봇이거나 상품몰에서 엉성하게 답변하는 챗봇들이 더 익숙하기 때문이다. 하지만 그 이전에도 다양한 챗봇들이 연구되었음을 소개하면 대부분의 사람들이 놀란다.

```
Welcome to
                 EEEEEE  LL     IIII  ZZZZZZZ  AAAAA
                 EE      LL      II        ZZ  AA  AA
                 EEEEE   LL      II       ZZZ  AAAAAAA
                 EE      LL      II      ZZ    AA  AA
                 EEEEEE  LLLLLL  IIII  ZZZZZZZ AA  AA

 Eliza is a mock Rogerian psychotherapist.
 The original program was described by Joseph Weizenbaum in 1966.
 This implementation by Norbert Landsteiner 2005.


ELIZA: Is something troubling you ?
YOU:   yes, my coworker is bullying me everyday.
ELIZA: You are sure.
YOU:   Yes
ELIZA: I understand.
YOU:   So, what should I do?
ELIZA: Do you say what should you do for some special reason ?
YOU:   Yes, because I want to change this miserable life.
ELIZA: You seem to be quite positive.
YOU:   Yes, that is right. How did you know that?
ELIZA: I see.
YOU:   
```

ELIZA에게 사내 괴롭힘에 대해 상담한 결과
(https://www.masswerk.at/elizabot/eliza.html에서 누구나 ELIZA와 대화해 볼 수 있다.)

첫 번째로는 가장 초기에 연구되던 챗봇들 중 하나로 ELIZA가 있다. ELIZA는 1966년 MIT 컴퓨터 과학자인 Joseph Weizenbaum에 의해 개발되었는데, 심리 상담사를 모방해 사용자의 응답을 단순히 질문 형태로 바꿔서 응답을 제공했다(상담 심리사는 때때로 환자의 응답을 반문함으로써 좀 더 깊은 대화를 이끌어 낸다). 다음은 필자가 ELIZA의 복원 모델을 활용해 사내 괴롭힘 상황을 가정해서 질문한 내용이다.

엘리자와의 대화

엘리자 뭔가 고민이 있니?

필자 응, 동료가 날 매일 괴롭혀.

엘리자 진심이구나.

필자 응.

엘리자 이해해.

필자 그래, 내가 뭘 해야 할까?

엘리자 특별한 이유가 있어서 뭘 해야 하냐고 묻는 거니?

필자 그래, 이 비참한 삶을 바꾸고 싶어서 묻는 거야.

엘리자 넌 매우 긍정적이구나.

필자 오, 맞아. 어떻게 알았니?

엘리자 응, 그렇구나.

기본적으로 대화가 되지 않는다. 어떤 이야기를 해도 문맥을 이해해 반문하는 것이 아니라 상대방의 반응의 일부를 단순히 돌려서 다시 질문하는 방식이기 때문이다.

두 번째로는 1995년 Richard Wallace에 의해 개발되어 2000년도 초에 인기를 끌었던 챗봇 A.L.I.C.E. Artificial Linguistic Internet Computer Entity가 있다. A.L.I.C.E.는 ELIZA보다 더 정교하게 디자인되어 다양한 토픽들에 대해 유저들과 대화하도록 개발되었다고 한다. A.L.I.C.E.는 딥러닝 모델이 아닌, 자연어 처리 테크닉 중 '패턴 매칭'이라는 테크닉을 사용했는데, 이는 데이터베이스에서 유저의 입력을 비교해 가장 잘 매칭되는 응답을 불러오는 방식이다. 입력 텍스트를 토큰화해 데이터베이스에서 토큰들을 비교해 점수화하고, 가장 높은 점수로 매칭되는 항목의 응답을 불러와 응답하게 된다. 응답이 미리 작성되어 있지 않다면 대답하기 힘들다는 단점이 있는데, 우리의 일상 대화는 어딘가에 미리 저장되어 있는 정형화된 형태가 아니기 때문이다. 다음은 A.L.I.C.E.의 복원 모델을 활용해 필자가 동일한 주제로 채팅한 내용이다.

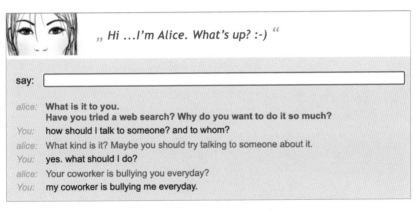

A.L.I.C.E.와 동일한 사내 괴롭힘 문제를 상담한 결과

앨리스   뭔가 고민이 있니?

필자   응, 동료가 날 매일 괴롭혀.

앨리스   네 동료가 매일 괴롭힌다고?

필자   응, 내가 뭘 해야 할까?

앨리스   그게 무슨 종류니? 아마 이것에 관해 다른 사람과 얘기해 봐야 할 것
            같아.

필자   다른 사람과 어떻게 얘기해야 해? 누구랑?

앨리스   이게 너에게 뭐니? 웹에 검색은 해보았어? 왜 그걸 그렇게 하고 싶어
            해?

엘리자와 마찬가지로 질문을 그대로 되묻거나 모든 질문에 대부분 통용되
는 일반적인 답변을 수행하는 모습을 보인다. 그렇다면 ChatGPT는 동일한 질
문들에 대해 어떤 답변을 수행했을까? 다음은 ChatGPT와 대화를 수행한 내용
이다.

필자

동료가 날 매일 괴롭혀.

ChatGPT

그것 참 유감이에요. 사내 괴롭힘은 개인의 삶의 질과 업무 만족도에 큰 영
향을 끼칠 수 있지요. 상황을 단계적으로 해결하여 스스로를 보호하는 것이
매우 중요합니다. 아래는 어떤 단계들을 밟으면 좋을지에 대한 설명이에요.

1. 사내 괴롭힘 문서화하기: 괴롭힌 날짜, 시간, 증인 등 해당 사건에 대해

기록하세요. 이는 여러분의 후속 조치를 위해서도 유용합니다.
2. 괴롭힘에 정면으로 부딪치기: 몇몇 경우들에서는, 당사자와 만나 직접적으로 문제를 해결하는 것이 효과적일 수 있어요. 명확하고 확고하게 그들의 행동이 당신에게 주는 영향을 말하고, 중단하기를 요청하세요.
   (중략)
3. 행동 보고하기: 만약 문제를 해결하지 못하는 개인을 직면하게 되면, 관리자나 인사담당자에게 해당 행동을 보고하는 것을 고려해보세요. 그들은 그 상황을 해결하기 위한 조치를 취할지도 모릅니다.
4. 지원을 찾기: 친구나 가족구성원이나 상담사와 같은 당신이 믿을 만한 누군가에게 너가 진행되고 있는 상황에 대해 이야기하세요. 이것은 너의 정신과 감정의 행복을 돌보는데 중요합니다.
   (중략)

내용이 길어 번역은 생략했으나, 먼저 사내 괴롭힘이라는 것이 질문자에게 개인적으로 불행한 경험이라는 문맥을 이해하고는 "매우 유감입니다"라고 반응한 후 간단히 사내 괴롭힘의 영향과 실천 가능한 해결 방법들을 알려줬다. 문장 간의 연결이 매끄럽고, 적절한 단어들을 사용했을 뿐만 아니라 해결 방법들 역시 압축적이면서도 유용했다. 재미있는 점은 이렇게 앞서 나눈 대화를 ChatGPT가 기억하므로 연이은 질문들에서도 앞의 대답을 고려해 대화를 자연스럽게 이어갈 수 있다는 것이다.

02 GPT 시리즈의 발전 배경

ChatGPT와 같은 거대 언어 모델들의 개발은 하드웨어와 소프트웨어의 급격한 발전에 의해 견인되었다. 이런 거대 언어 모델들은 방대한 텍스트 데이터를 학습하기 위해 수십억 개 이상의 파라미터들을 사용해야 하는데, 이는 소프트웨어와 하드웨어의 발전이 수반되어야 하기 때문이다. 이를 통해 넓은 범위에 걸친 다양한 자연어 처리 작업들을 수행할 수 있게 되고, 고품질의 텍스트 데이터를 생성해낼 수 있는 모델들이 탄생한 것이다.

또한 OpenAI의 ChatGPT 모델은 Word2Vec이나 GloVe 등과 같은 초기 언어 모델들의 성공에 힘입어 개발될 수 있었다. 초기 언어 모델들의 자연어 처리 성능을 높이기 위해 방대한 텍스트 데이터를 사전 학습하는 기법들의 효과성이 많이 연구되었는데, 이런 연구에 힘입어 지금의 ChatGPT가 방대한 양의 텍스트 데이터들을 학습할 수 있었다. ChatGPT의 트랜스포머 기반 아키텍처는 방대한 텍스트 데이터에 대해 사전 학습 기법을 사용하기 때문에 방대한 텍스트 기반의 데이터를 학습하는 데도 적합하다.

트랜스포머는 2017년에 소개된 "Attention is All You Need"라는 논문에서 자연어 처리 분야의 혁신적인 방법으로 소개된 모델이다. 이 아키텍처는 어텐션이라는 기법을 사용하는데, 이는 문장에서 각 단어들의 중요성에 대해 그 중요도를 할당해 텍스트 생성 시 네트워크가 단어들과 문장들 간의 관계를 더욱 잘 포착하도록 하는 기법이다. 이를 통해 거대 언어 모델들이 더욱 고품질의 텍스트를 생성하도록 훈련할 수 있게 해 높은 정확도와 함께 자연어 처리의 넓은 분야에 활용할 수 있도록 했다.

또 다른 중요한 ChatGPT의 개발 요소로는 방대한 텍스트 데이터가 점차 더 많이 사용 가능해진 점이다. 이런 방대한 텍스트 데이터로는 인터넷의 정보, 책들, 소셜 미디어 플랫폼 등에서 얻게 되는 텍스트 데이터들이 있으며, 최근 그 양이 더욱 방대하게 증가하고 있기 때문에 가용할 수 있는 데이터가 더욱 많아졌다. 이런 방대한 데이터는 거대 언어 모델이 언어의 다양한 패턴을 더 잘 포착할 수 있도록 했다. 이와 같이 텍스트 데이터의 방대한 양과 그 다양성은 자연어 처리 모델의 성능을 획기적으로 높이는 데 상당히 기여했다.

03 ChatGPT의 진화

가장 초기의 GPT는 2018년에 릴리즈되었고, 이후 버전들과 비교해 상대적으로 더 적은 파라미터 수(약 1억 1,700만 개)를 갖고 있었다. 그럼에도 불구하고 초기 릴리즈 버전은 다양한 자연어 처리 태스크에 사용될 수 있는 고품질의 텍스트 데이터를 생성할 수 있었다. 이때 학습한 데이터는 웹사이트들과 책들 그리고 소셜 미디어 플랫폼들의 데이터로, 다양한 문맥에서 사용되는 풍부한 언어를 학습할 수 있었다.

이후의 버전들에서 OpenAI는 계속해 GPT 시리즈 모델들의 학습 파라미터 수를 증가시켰다. 2019년 릴리즈된 GPT-2에서는 약 15억 개의 파라미터, 2020년 릴리즈된 GPT-3에서는 약 1,750억 개의 파라미터를 갖도록 했다. 필자도 당시 현존하는 가장 큰 거대 언어 모델들 중 하나로 해당 모델이 기사에서 소개되는 것을 본 기억이 있다.

GPT-3는 이후 미세 튜닝Fine-tuning을 통해 전이 학습시킨 커스텀된 GPT-3 버전으로 릴리즈되어 질문 응답, 기계 번역, 감정 분석 등의 특정 자연어 처리 태스크를 수행하는 역할을 했다. GPT-3만 하더라도 생성되는 문장의 퀄리티가 매우 좋아 인간이 작성한 글과 구분하기 어려울 정도다. 이런 GPT-3는 글짓기뿐만 아니라 간단한 사칙연산이나 코딩, 대화, 번역 등의 태스크를 수행할 수 있다.

현재의 ChatGPT는 GPT 3.5버전이라고도 부르는데, 이는 2022년 11월 3.5 베타가 출시되면서 붙은 이름이다. 이제 곧 GPT 4가 나오게 되면 또다시 언어 모델 분야가 크게 들썩일 것으로 보인다.

3
장

ChatGPT로
프로그래밍 공부하기

ChatGPT를 설치해 사용해 본 후 프로그래밍을 공부할 때 활용하는 방법을 알
아보자.

① PC 버전에서 사용하기

먼저 ChatGPT를 사용하기 위해서는 사이트에 가입해야 한다. 사이트는 구글에서 'ChatGPT'를 검색하거나 웹 브라우저 주소창에 'https://chat.openai.com/'이라고 작성하면 들어갈 수 있다. 구글에서 ChatGPT를 검색할 경우 OpenAI사의 홈페이지가 나오는데, 다음과 같이 멋지게 구성되어 있다. [TRY CHATGPT] 버튼을 클릭해 계정 생성 화면으로 넘어가자.

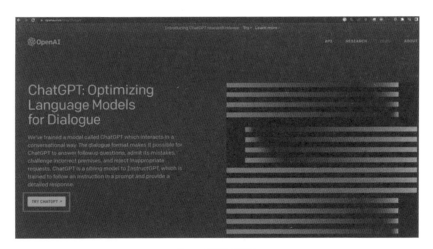

OpenAI사의 사이트

다음과 같은 화면을 볼 수 있는데, 처음 사이트에 들어갔을 경우 [Sign up]
버튼을 클릭해 회원 가입을 해야 한다.

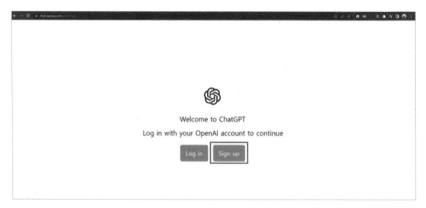

처음 사이트에 접속했을 때의 화면

간혹 이용자가 매우 많을 경우 다음과 같이 접속 불가 화면이 뜨기도 한다.
추후 서비스 안정화를 통해 이런 현상은 많이 줄어들 것으로 예상되지만, 만약
접속 불가 화면이 뜨게 된다면 조금 기다렸다가 서비스를 이용하자.

이용자가 많을 때의 접속 불가 화면

[Sign up] 버튼을 클릭한 후에는 계정을 생성할 수 있는 화면이 나오는데, 구글 계정이 있다면 [Continue with Google] 버튼, Microsoft 계정이 있다면 [Continue with Microsoft Account] 버튼을 클릭해도 된다.

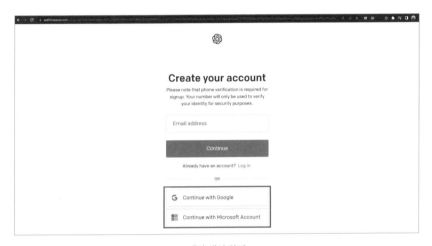

계정 생성 화면

다음과 같이 이름, 성을 입력한 후 [Continue] 버튼을 클릭하고, 휴대폰 인증을 하면 끝이다.

이름, 성 입력 후 휴대폰 인증 절차

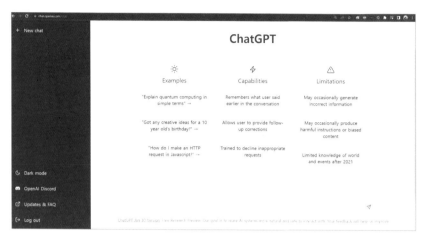

채팅까지 모든 과정 준비 완료

이제 자유롭게 ChatGPT와 대화하면 된다. 최근에는 확장 프로그램으로 ChatGPT와 대화하기 위한 한글-영어 번역 기능도 많이 제공되고 있으므로 영어가 부담된다면 해당 방법을 사용하거나 구글 번역 또는 DeepL(www.deepl.com)을 통해 번역하며 사용하는 것도 추천한다.

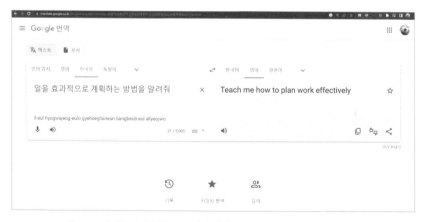

ChatGPT에 질문하기 위한 구글 번역 사이트(https://translate.google.co.kr/)

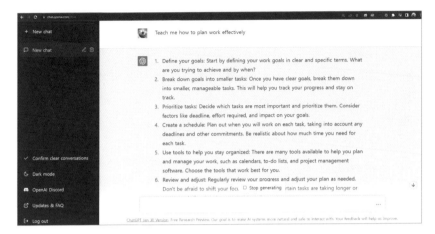

영어 번역 후 질문

다시 영어 답변을 한글로 번역

2023년 2월 초부터는 한국에서도 ChatGPT Plus를 월 구독료 20달러를 내고 구독할 수 있게 되었다. ChatGPT Plus로 업그레이드하면 이용자들이 많을 때에도 입력 프롬프트(요청)에 대해 더 높은 우선권을 갖게 되어 빠르게 응답받을 수 있고, 새로운 기능을 먼저 사용해 볼 수도 있으므로 개발 공부 또는 개발에 직접 활용할 경우 가입을 추천한다. 실제 일반 모드로 사용하다 보면 접속이 빈번하게 안 되고, 잠시 다른 화면에서 작업하다가 다시 돌아와서 질문하다 보면 네트워크 에러가 빈번하게 발생한다.

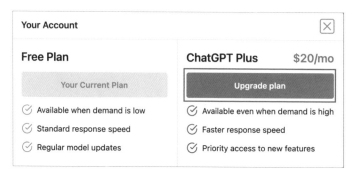

ChatGPT Plus로 업그레이드하기

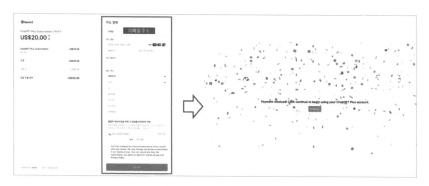

결제 정보 입력해 구독하기

결제하면 축하한다는 메시지를 표시해 주며, 이후부터는 다음과 같이 Default 모드나 Alpha 모드라는 속도 최적화된 모드를 선택해 사용할 수 있게 해준다.

ChatGPT Plus로 로그인한 후의 화면

02 모바일 버전에서 사용하기

모바일 버전도 PC 버전과 동일하게 구글에서 ChatGPT를 검색하거나 바로 주
소를 입력해 들어갈 수 있다. PC 버전과 동일한 과정을 거치게 되면 채팅 준비
가 끝난다.

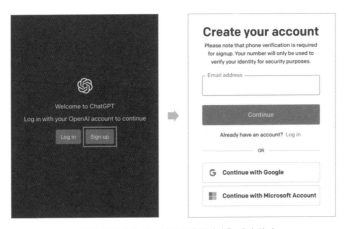

모바일 버전에서 처음 사이트에 들어갔을 때의 화면

03 ChatGPT로 프로그래밍 공부하기

개발을 공부하는 과정에서 새로운 언어에 대한 공부는 필수다. 이때 ChatGPT 를 사용한다면 시간을 상당 부분 단축할 수 있다.

ChatGPT에 질문을 통해 지식을 배우는 것은 메타 인지(무엇을 알고, 무엇을 모르는지에 대한 인지 능력)를 기르는 데도 도움이 된다. 일반적인 서적을 통해 공부하게 되면 자신이 이미 잘 이해하는 부분에 대해서도 불필요하게 시간을 할애해 공부하기도 하고, 잘 모르는 부분에 대해 충분한 이해 없이 넘어가기도 한다.

그러나 질문과 답변 방식으로 공부하게 되면 충분히 잘 이해한 내용은 과감히 넘어가고, 헷갈리는 부분은 충분한 설명과 예제들을 통해 공부함으로써 확실히 이해하고 넘어갈 수 있다. 즉, 일대일 과외 교육을 받는 효과를 온전히 누리게 되는 것이다. 사람과의 일대일 과외보다 득이 되는 경우도 있다. 사람은 반복되는 내용을 가르칠 때 답답함을 느끼는 경우가 많아서, 질문자 입장에서 부끄러워 질문하지 못하는 경우가 있기 때문이다. ChatGPT는 가장 인내심 있고 자세한 일대일 개발 과외 선생님이 되어줄 것이다.

다만, 지금 수준에서 ChatGPT는 영어로 질문할 때 가장 풍부하고 자세한 답변을 받을 수 있다. 따라서 좋은 개발자가 되기 위해서는 적어도 해외 개발 질문 답변 사이트(예: 스택 오버 플로)에서 디버깅 힌트를 얻기도 하고, 최신 기술을 습득하기도 해야 하기 때문에 이번 기회에 영어 공부를 한다고 생각하고 영어로 사용할 것을 추천한다. 그럼에도 불구하고 영어에 거리감이 느껴지거나 영어 때문에 유용한 ChatGPT 사용이 꺼려진다면 차라리 영어로 응답받은 내용을 구글 번역을 통해 번역하는 것을 추천한다(물론, 추후에 한글 답변 품질이 높아진다면 한글로 사용하는 것도 좋다). 최근에는 다양한 웹 확장 프로그램 형태로 ChatGPT

를 번역해 주는 기능들도 많으니 이를 활용해도 괜찮다.

　3장과 4장 모두 개발 공부 및 개발 업무에 ChatGPT를 활용하는 내용을 다룬다. 이 책에서는 가장 많이 활용되는 Python, C를 통해 질문-답변에 대한 예시를 보여주었지만, 개발 언어에 상관없이 C++, Java, JavaScript, Ruby, Swift, Go, PHP 등 다양한 개발 언어를 사용해 질문할 수 있다. 이와 같이 개발 언어에 상관없이 누구든지 ChatGPT의 유용한 도움을 받아 새로운 언어를 빠르고 정확하게 익힐 수 있을 것으로 기대된다.

04 새로운 언어에 대한 기본 문법과 예제 물어보기

프로그래밍을 공부하는 과정에서 새로운 언어에 대한 공부는 필수이며, ChatGPT를 사용한다면 새로운 언어를 매우 빠르게 습득할 수 있다. 다음은 C 언어의 '포인터 배열'과 '배열 포인터'의 차이에 대해 질문한 결과이다. 간단한 정의와 예시를 통해 형태를 보여주고 있다. 이에 두 가지를 비교하는 코드 예제를 보여 달라고 했고, 구체적인 예시를 통해 두 개념을 비교할 수 있도록 했다.

 필자

　　포인터 배열과 배열 포인트의 차이에 대해 알려줘.

ChatGPT

　　포인터 배열과 배열 포인터는 모두 C와 C++ 같은 일부 프로그래밍 언어에서 사용되는 중요한 개념입니다. 이 둘은 비슷한 용어지만 다소 다른 의미를 가지고 있습니다.

- 포인터 배열(Pointer Array)은 포인터 변수들의 배열입니다. 각 요소는 포인터이므로 메모리 주소를 가리킵니다. 각 포인터는 다른 변수를 가리키거나, 메모리에 할당된 배열을 가리키거나, 동적으로 할당된 메모리를 가리킬 수 있습니다. 예를 들어, 다음과 같이 정의할 수 있습니다.

```
int *arr[5]; //   int형 포인터를 5개 가지는 배열
```

- 이 경우, arr은 크기가 5인 포인터 배열이며, 각 요소는 int형 변수를 가리키는 포인터입니다.
- 배열 포인터(Array Pointer)는 배열을 가리키는 포인터입니다. 배열의 첫 번째 요소의 주소를 가리킵니다. 배열 포인터는 일반적으로 배열 요소의 타입과 크기를 알고 있어야 합니다. 예를 들어, 다음과 같이 정의할 수 있습니다.

```
int (*arr)[5]; //   크기가 5인 int형 배열을 가리키는 포인터
```

- 이 경우, arr은 int형 요소가 5개인 배열을 가리키는 포인터입니다.

따라서 포인터 배열은 포인터를 요소로 갖는 배열이고, 배열 포인터는 배열을 가리키는 포인터입니다. 이들은 서로 다른 목적으로 사용되지만, 포인터와 배열의 특성에 대한 이해가 필요합니다.

포인터 배열과 배열 포인터는 각각 다른 용도로 사용됩니다. 포인터 배열은 다른 변수를 가리키거나 동적으로 할당된 메모리를 가리킬 수 있으므로, 포인터 배열을 사용하면 프로그래머가 필요에 따라 다른 변수를 가리키게 할 수 있습니다. 이를 통해 동적인 데이터 구조를 구현하거나, 다른 함수에서 반환한 포인터를 저장하거나, 포인터 배열을 정렬하는 등 다양한 용도로 사용할 수 있습니다.

배열 포인터는 특정한 배열을 가리키기 때문에, 일반적으로 배열의 요소에 접근하거나 다차원 배열을 다룰 때 유용합니다. 예를 들어, 다음과 같이 2차원 배열을 가리키는 배열 포인터를 정의할 수 있습니다.

```
int arr[3][4];
int (*p)[4] = arr; // 3행 4열 크기의 int 배열을 가리키는 포인터
```

배열 포인터 p는 arr 배열의 첫 번째 행을 가리키며, p[i][j]와 같은 방식으로 2차원 배열 요소에 접근할 수 있습니다.
따라서 포인터 배열과 배열 포인터는 서로 다른 용도로 사용됩니다. 프로그래밍에서 이러한 구조를 올바르게 사용하면 메모리 할당, 접근 및 관리를 효율적으로 할 수 있으며, C 및 C++과 같은 언어에서 다양한 프로그램 구조를 구현하는 데 중요한 역할을 합니다.

만약 예시가 불충분하다면 추가로 다른 예시를 보여 달라고 하면 된다. 예를 들어, 위의 예제로는 함수에 포인터 배열과 배열 포인터를 넣을 때 어떤 차이가 있는지를 알기 힘든데, 이에 대해 추가 질문을 하는 것이다.

필자

포인터 배열과 배열 포인터의 차이를 함수 인자로 넘기는 예시로 설명해 줘.

ChatGPT

포인터 배열과 배열 포인터는 함수에 인자로 전달될 때 서로 다른 방식으로 전달됩니다. 이를 설명하기 위해 간단한 예제를 살펴보겠습니다.

```c
#include <stdio.h>

void print_arr(int *arr, int size) {
  for (int i = 0; i < size; i++) {
    printf("%d ", arr[i]);
  }
  printf("\n");
}

void print_ptr_arr(int **arr, int size) {
```

```c
  for (int i = 0; i < size; i++) {
    printf("%d ", *arr[i]);
  }
  printf("\n");
}

void print_arr_ptr(int (*arr)[3], int size) {
  for (int i = 0; i < size; i++) {
    printf("%d ", (*arr)[i]);
  }
  printf("\n");
}

int main() {
  int arr[3] = {1, 2, 3};
  int *ptr_arr[3] = {&arr[0], &arr[1], &arr[2]};
  int arr_ptr[1][3] = {{1, 2, 3}};

  print_arr(arr, 3);
  print_ptr_arr(ptr_arr, 3);
  print_arr_ptr(&arr_ptr
```

이 코드에서 print_arr(), print_ptr_arr(), print_arr_ptr() 함수는 각각 배열, 포인터 배열, 배열 포인터를 매개변수로 받아서 출력합니다.

- print_arr(): arr은 배열이며, 함수에 인자로 전달될 때 배열의 이름 자체가 배열의 첫 번째 요소의 포인터로 취급됩니다. 따라서 arr은 배열의 첫 번째 요소인 &arr[0]의 주소를 가리키는 포인터로 전달됩니다.
- print_ptr_arr(): ptr_arr은 포인터 배열이며, 각 요소가 포인터이기 때문에 이중 포인터로 취급됩니다. 함수에 인자로 전달될 때 각 요소의 주소를 전달해야 합니다. 따라서 ptr_arr은 &ptr_arr[0]의 주소를 가리키는 이중 포인터로 전달됩니다.
- print_arr_ptr(): arr_ptr은 배열 포인터이며, 이차원 배열의 주소를 가

리키기 때문에 이중 포인터가 아닌, 포인터로 취급됩니다. 함수에 인자로 전달될 때 배열 포인터를 그대로 전달하면 됩니다. 따라서 arr_ptr은 &arr_ptr의 주소를 가리키는 포인터로 전달됩니다.

따라서 포인터 배열과 배열 포인터는 함수 인자로 전달될 때 전달 방식이 다르기 때문에, 함수에서 사용하는 방법도 다릅니다. 함수에 어떤 종류의 배열 또는 포인터를 전달할지 결정할 때 이러한 차이점을 고려해야 합니다. 포인터 배열은 함수에서 포인터 변수들을 차례대로 참조하는 것이 가능하고, 배열 포인터는 함수에서 다차원 배열의 일부분을 처리하는 것이 가능합니다.

예를 들어, 위의 예제 코드에서 print_arr_ptr() 함수는 배열 포인터를 인자로 받았으며, 배열의 모든 요소를 출력하고 있습니다. 그러나 print_arr() 함수와 print_ptr_arr() 함수는 배열을 가리키는 포인터와 포인터 배열을 인자로 받았으며, 배열의 모든 요소를 출력하는 대신 첫 번째 요소의 주소를 이용하여 각각의 요소를 출력하고 있습니다.

따라서 포인터 배열과 배열 포인터는 함수 인자로 전달될 때 서로 다른 방식으로 전달되며, 함수에서 사용하는 방법도 다릅니다. 이러한 차이를 이해하고 적절한 방법으로 함수 인자를 전달하면 프로그래밍에서 메모리 할당과 관리를 더욱 효율적으로 할 수 있습니다.

질문의 정확한 의도를 파악해 정확한 두 개념과 그 차이에 대해 질문 관점에서 설명해 주고 있다. 예시 역시 질문을 통해 함수에 전달하는 예시들을 정확하게 보여주고 있다. 여기서 만약 포인터가 더블 포인터일 경우 포인터 배열이 1차원이 아닌, 2차원 이상인 경우 등의 심화 내용은 일반적인 프로그래밍 학습 목적의 책에서는 생략했을 수도 있겠지만, 우리는 ChatGPT를 통해 정의, 차이, 예제 등 메타 인지를 활용해 자신이 궁금한 내용을 해소해 가며 능동적으로 공부할 수 있게 되었다. 요즘이 가장 개발 공부하기 편해진 때임을 실감한다.

05 알고리즘 문제를 물어보고, 자신이 푼 정답을 비교해 보기

개발 공부를 하게 되면 어떤 언어를 사용하든지 항상 푸는 문제들이 있는데, 바로 알고리즘 문제들이다. 최근에는 알고리즘 문제 책을 살 필요 없이 LeetCode, HackerRank, Codeforces, CodeSignal, SPOJ^Sphere Online Judge, TopCoder, Project Euler, GeeksforGeeks, Coderbyte 등 최신 알고리즘 문제들을 제공하는 사이트들이 많아졌다. 바로 이런 알고리즘 문제들을 풀 때 ChatGPT의 도움을 받을 수 있다.

다음은 LeetCode의 수많은 알고리즘 문제들 중 'Add Two Numbers'라는 문제에 대해 ChatGPT가 작성한 결과다. 이 문제는 자료 구조 내용 중 Linked List라는 자료 구조를 사용할 줄 알아야 하며, 이를 활용해 기본적인 덧셈 연산을 할 수 있는 함수를 작성하는 것이 목적이다.

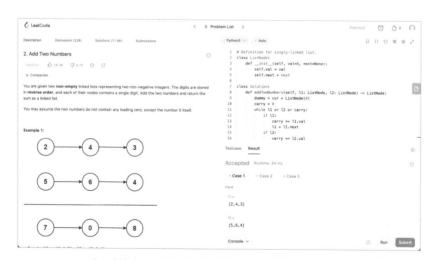

LeetCode의 중간 난이도 알고리즘 문제에 대한 ChatGPT의 답안이 'Accepted' 된 모습

ChatGPT

두 개의 음수가 아닌 정수를 나타내는 비어 있지 않은 두 개의 연결 리스트가 제공됩니다. 각 숫자의 자릿수는 역순으로 저장되며, 각각의 노드는 한 자리 숫자를 포함합니다. 두 숫자를 더하고 합계를 연결 리스트로 반환합니다.
숫자 0 자체를 제외하고 두 숫자에는 선행 0이 포함되지 않는 것으로 가정할 수 있습니다.

ChatGPT의 문제 해석

ChatGPT에는 문제 중 그림을 제외하고 글자만 복사해 그대로 붙여 넣었다. 흥미로운 것은 필자가 제약 조건Constraints 부분을 빼고 복사해 문제를 알려줬음에도 불구하고 ChatGPT는 'Accepted'되는 답변을 내놓았다.

물론, ChatGPT는 풀이 과정에 대해서도 질문하면 친절하게 설명해 준다. 여기서 놀라운 점은 LeetCode 공식 답변은 읽다가 궁금한 점이 있어도 바로 질문해 피드백을 받을 수 없지만, ChatGPT의 경우에는 풀이 중간에 이해가 되지 않는 부분이 있으면 바로 질문해 피드백을 받을 수 있다는 점이다. 물론, LeetCode에도 'Discussion' 탭이 있어서 질문을 한 후 누군가 답변을 달면 참고해 볼 수는 있으나, 실시간으로 답변을 해주는 ChatGPT와 비교하면 정말 큰 인내심을 요구한다.

필자

이 문제를 풀 수 있는 알고리즘을 자세히 설명해줘.

ChatGPT

이 문제를 해결하기 위해 다음과 같은 단계를 따를 수 있습니다:

❶ 결과를 저장할 새로운 연결 리스트를 만듭니다.

❷ 각각의 입력 연결 리스트에 대한 포인터를 초기화합니다.

❸ 캐리 변수를 0으로 초기화합니다.

❹ 입력 연결 리스트를 동시에 순회하면서 두 리스트 중 하나가 끝에 도달할 때까지 반복합니다.

❺ 입력 연결 리스트에서 각 해당 숫자쌍마다 캐리와 함께 더하고 결과를 새로운 연결 리스트에 저장합니다.

❻ 캐리를 합계를 10으로 나눈 정수부로 업데이트합니다.

❼ 입력 연결 리스트의 포인터를 다음 노드로 이동합니다.

❽ 입력 연결 리스트 중 하나가 완전히 순회된 경우, 캐리와 함께 다른 입력 연결 리스트를 계속 순회합니다.

❾ 두 입력 연결 리스트를 모두 순회한 후에도 캐리가 남아있는 경우, 값이 캐리인 새로운 노드를 새 연결 리스트에 추가합니다.

❿ 새로운 연결 리스트를 결과로 반환합니다.

아래는 Python으로 구현된 위 알고리즘입니다:

```python
# Definition for singly-linked list.
class ListNode:
    def __init__(self, val=0, next=None):
        self.val = val
        self.next = next
class Solution:
    def addTwoNumbers(self, l1: ListNode, l2:
    ListNode) -> ListNode:
        dummy = cur = ListNode(0)
        carry = 0
        while l1 or l2 or carry:
            if l1:
                carry += l1.val
                l1 = l1.next
            if l2:
                carry += l2.val
```

```
                    l2 = l2.next
            cur.next = ListNode(carry % 10)
            cur = cur.next
            carry //= 10
        return dummy.next
```

이 알고리즘의 시간 복잡도는 입력 연결 리스트의 길이 m과 n 중 최대값인 O(max(m, n))입니다. 왜냐하면 두 연결 리스트를 한번씩 모두 순회해야 하기 때문입니다. 공간 복잡도도 O(max(m, n))이며, 결과를 저장하기 위해 새로운 연결 리스트를 만들어야 하기 때문입니다.

그렇다면 풀이 성능은 어떨까? 연산 시간은 75ms로 다른 답변들보다 45.45% 더 우수했고, 메모리는 13.8MB로 다른 답변들보다 79.42% 더 우수했다.

필자가 여러 문제들로 테스트했을 때 보통 연산보다 메모리 성능에서 ChatGPT가 더 우수한 성능을 보이는 코드를 작성했다. 최고의 코드들에 비하면 분명 ChatGPT의 코드가 무조건 맹신해야 할 정답은 아니다. 그렇지만 실시간으로 피드백을 받을 수 있다는 점은 매우 놀랍다. 앞으로 더욱 많은 최신 코드들로 학습하게 될 거대 언어 모델의 코드 작성 능력은 점차 발전할 것이다. 현재의 ChatGPT의 부족한 부분에 실망해 더 이상 사용하지 않기보다는 앞으로 계속 발전하는 거대 언어 모델을 활용하는 연습을 미리부터 한다면 추후 거대 언어 모델 개발에 빠르게 적응하고 활용할 수 있을 것이다.

일부만 작성된 코드의 나머지 채우기

이번에는 코드의 일부만 작성한 후 나머지 내용은 어떻게 채울지 주석으로 서술하고, ChatGPT에게 코드를 완성하라고 명령했다. 간혹 결과가 텍스트로 나올 수도 있으므로 아예 전체 코드를 코드 박스 안에 생성하라고 했다. 일부 작성한 코드는 데이터 내에 원하는 값이 있는지를 살펴보는 코드다. 데이터 타입이 리스트일 경우 재귀적인 방법을 통해 리스트 내에 또 다른 리스트가 있는지를 반복해 살펴봐야 하는 살짝 까다로운 코드다.

 필자

아래 코드를 완성해 줘.

```
def search_data(data, value):
    for item in data:
        # value가 data에 있는지 확인하는 코드를 재귀적인 방법으로 작성해 줘.
```

ChatGPT

다음은 주어진 데이터(data)에 대해 재귀적으로 값을 찾는 코드입니다.

```
def search_data(data, value):
    if value in data:
        return True
    for item in data:
        if isinstance(item, list):
            if search_data(item, value):
                return True
    return False
```

이 코드에서는 우선 주어진 리스트(data) 안에서 값을 찾습니다. 값이 발견되면 True를 반환하고 함수를 종료합니다. 값이 발견되지 않으면, 리스트 안의 각 요소를 반복하면서 해당 요소가 리스트인지 확인합니다. 만약 해당 요소가 리스트이면, 재귀적으로 search_data 함수를 호출하여 값을 찾습니다. 최종적으로 값이 발견되지 않으면 False를 반환합니다.

참고: isinstance 함수는 주어진 객체가 지정된 클래스 또는 타입의 인스턴스인지 확인합니다. 위 코드에서는 리스트인지 확인하는데 사용됩니다.

정확히 의도대로 코드를 구현했다. 만약 주석에 '재귀적인 방법을 사용해서'라는 힌트를 주지 않으면 재귀적 방법이 아닌, 리스트 멤버를 반복문을 사용해 검사하는 코드를 보여주기도 한다. 이런 경우 개발자는 ChatGPT가 제한적인 상황에서만 동작하는(위의 코드에서는 리스트 내에 또 다른 리스트가 들어 있지 않은) 코드가 출력된 것은 아닌지 살펴봐야 한다. 더 좋은 방법은 명확한 요구 사항을 입력하는 것이다.

명확한 요구 사항은 ChatGPT를 사용하든, 사용하지 않든 모두 중요하다. 사람에게도 명확한 요구 사항이 전달되지 않으면 잘못된 코드가 만들어진다. ChatGPT는 독심술사가 아니다. 명확하게 요구 사항을 전달할수록 자신이 원하는 코드에 가까운 코드가 출력된다.

명확한 요구 사항을 도출하는 수많은 방법론들이 이미 많은 책들을 통해 소개되고 있으므로 여기서는 생략하도록 하겠다. 다만, 함수의 입력, 출력, 제한 사항, 사용하는 방법론, 예외 처리에 대해서는 적어도 ChatGPT에 입력 시 명확하게 입력하는 것이 좋다. 그렇지 않으면 '잘 동작하는 것 같지만, 예외 상황이 발생하는 코드'가 출력될 가능성이 높아진다. ChatGPT는 불과 같다. 잘 사용하면 인류를 다음 단계로 도약시키는 발판이 되겠지만, 잘못 사용하면 큰 화재를

부를 수 있는 재앙의 씨앗이 될 수도 있기 때문이다(예외적 오류가 발생할 수 있는 핵미사일 발사 프로그램을 상상해 보라!).

07 코딩 퀴즈 생성해 문제풀이!

앞으로 코딩 관련 문제집이 전부 사라질지도 모른다. 왜냐하면 ChatGPT에 코딩 문제들을 만들어 달라고 하면 원하는 만큼 만들어 주고, 난이도도 평가해 주며, 문제에 관해 일대일로 붙어서 친절하게 이해될 때까지 하나하나 전부 대화를 통해 설명해 주기 때문이다. 다음은 많이 사용하는 Python 언어로 코딩 문제를 만들어 달라고 명령한 결과다("Python 언어로 코딩 문제를 만들어 줘" 등 자연스럽게 명령하면 된다).

 필자

Python의 얕은 복사와 깊은 복사의 차이에 대한 퀴즈를 내줘.

ChatGPT

좋아요! 파이썬의 얕은 복사와 깊은 복사의 차이에 관한 퀴즈 문제를 준비해 봤습니다. 각 문제에는 3개의 선택지 중 하나를 선택하시면 됩니다.

1. 얕은 복사(shallow copy)와 깊은 복사(deep copy)의 차이점은 무엇입니까?
   A) 얕은 복사는 원래 객체의 참조만을 복사하고, 깊은 복사는 객체 자체를 새로운 메모리 주소에 복사합니다.
   B) 얕은 복사는 객체 자체를 새로운 메모리 주소에 복사하고, 깊은 복사는 원래 객체의 참조만을 복사합니다.
   C) 얕은 복사와 깊은 복사는 복사하는 객체의 유형에 따라 차이가 있으며 일반적인 규칙은 없습니다.

2. 다음 코드에서 list1과 list2의 관계는 무엇입니까?

```
list1 = [1, 2, 3]
list2 = list1
```

A) list1과 list2는 서로 다른 객체입니다. B) list1과 list2는 얕은 복사된 객체입니다. C) list1과 list2는 깊은 복사된 객체입니다.

3. 다음 코드의 실행 후 list1과 list2의 값은 무엇입니까?

```
import copy

list1 = [1, 2, [3, 4]]
list2 = copy.copy(list1)
list2[2][0] = 5

print(list1)
print(list2)
```

A) list1은 [1, 2, [5, 4]]이고, list2는 [1, 2, [5, 4]]입니다. B) list1은 [1, 2, [3, 4]]이고, list2는 [1, 2, [5, 4]]입니다. C) list1과 list2 모두 [1, 2, [5, 4]]입니다.

4. 다음 코드의 실행 후 list1과 list2의 값은 무엇입니까?

```
import copy

list1 = [1, 2, [3, 4]]
list2 = copy.deepcopy(list1)
list2[2][0] = 5

print(list1)
print(list2)
```

A) list1은 [1, 2, [3, 4]]이고, list2는 [1, 2, [5, 4]]입니다.
B) list1은 [1, 2, [3, 4]]이고, list2는 [1, 2, [3, 4]]입니다.
C) list1과 list2 모두[1, 2, [5, 4]]입니다.

5. 얕은 복사(shallow copy)를 수행하는 방법은 무엇입니까?
   A) copy.copy()
   B) copy.deepcopy()
   C) copy()

6. 깊은 복사(deep copy)를 수행하는 방법은 무엇입니까?
   A) copy.copy()
   B) copy.deepcopy()
   C) copy()

깊은 복사와 얕은 복사의 개념에 대해 이해하고 있는지를 묻는 질문이다. ChatGPT에게 설명하라고 하면 친절하고 깔끔하게 설명해 준다.

필자

앞의 1번 문제 '얕은 복사(shallow copy)와 깊은 복사(deep copy)의 차이점은 무엇입니까?' 정답이 뭐야?

ChatGPT

정답은 A) 얕은 복사는 원래 객체의 참조만을 복사하고, 깊은 복사는 객체 자체를 새로운 메모리 주소에 복사하는 것입니다.
얕은 복사는 원본 객체의 내용을 새로운 객체에 복사하는 대신, 원본 객체에 대한 참조만을 새로운 객체에 복사하는 방식입니다. 즉, 새로운 객체는 원본 객체와 동일한 객체를 참조하며, 두 객체 중 하나가 수정되면 다른 객체도 수정됩니다.
반면, 깊은 복사는 객체 자체를 복사하여 두 개의 완전히 별개의 객체를 만드는 방식입니다. 따라서 두 객체는 완전히 독립적이며, 하나의 객체가 수정되어도 다른 객체에 영향을 미치지 않습니다.

여기서 호기심이 발동해 필자는 ChatGPT에게 "만약 x, y가 리스트고 y=x로 리스트를 복사했다고 하면, x가 y의 복사이기 때문에 y를 바꿨을 때 x 요소도 함께 연결되어 바뀔 수도 있지 않아?"라고 물었다. 그러자 ChatGPT는 얕은 복사와 깊은 복사의 정의와 Mutable Objects, 참조의 정의를 설명하고, 이 예제에서는 어떻게 해당 내용들이 적용됐는지 친절히 설명한 우 다음의 예제를 제공했다. 깊은 복사와 얕은 복사를 굉장히 알기 쉽게 보여주는 예시다.

필자

python에서 깊은 복사와 얕은 복사의 예시 코드를 보여줘.

ChatGPT

파이썬에서 객체를 복사하는 방법에는 "얕은 복사(Shallow Copy)"와 "깊은 복사(Deep Copy)" 두 가지가 있습니다.
얕은 복사는 객체를 복사하면서 해당 객체 내부의 참조된 객체들은 참조만을 복사하는 방식입니다. 반면에 깊은 복사는 객체를 복사하면서 해당 객체 내부의 모든 객체들을 새로운 객체로 복사하는 방식입니다.
예시 코드를 통해 각각의 복사 방식을 이해해 보겠습니다.

얕은 복사(Shallow Copy)

```python
import copy

a = [1, 2, [3, 4]]
b = copy.copy(a)

print(f"a: {a}")
print(f"b: {b}")
print()
```

```
b[0] = 5
b[2][0] = 6


print(f"a: {a}")
print(f"b: {b}")
```

위 코드에서 copy.copy() 함수는 a 객체를 얕은 복사하여 b 객체에 저장합니다. 그리고 b 객체를 변경하는 코드를 실행합니다.

이때 a 객체와 b 객체는 다른 객체이므로 b 객체의 변경이 a 객체에 영향을 주지 않습니다. 그러나 a 객체 내부의 참조된 [3, 4] 리스트는 a 객체와 b 객체에서 모두 참조되고 있으므로 b[2][0] = 6과 같이 b 객체 내부의 값을 변경하면 a 객체 내부의 값도 함께 변경됩니다. 이는 얕은 복사에서의 한계점입니다.

따라서, 얕은 복사는 내부 참조 객체가 변경되지 않는 경우에만 사용할 수 있습니다.

깊은 복사(Deep Copy)

```
import copy

a = [1, 2, [3, 4]]
b = copy.deepcopy(a)


print(f"a: {a}")
print(f"b: {b}")
print()


b[0] = 5
b[2][0] = 6


print(f"a: {a}")
print(f"b: {b}")
```

위 코드에서 copy.deepcopy() 함수는 a 객체를 깊은 복사하여 b 객체에 저장합니다. 그리고 b 객체를 변경하는 코드를 실행합니다.

이때 a 객체와 b 객체는 서로 다른 객체이므로 b 객체의 변경이 a 객체에 영향을 주지 않습니다. 또한 a 객체 내부의 참조된 [3, 4] 리스트도 새로운 객체로 복사되었으므로 b[2][0] = 6과 같이 b 객체 내부의 값을 변경해도 a 객체 내부의 값은 변경되지 않습니다.

따라서, 깊은 복사는 객체의 모든 내부 참조 객체를 새로운 객체를 복사하여야 하는 경우에 사용됩니다.

추가적으로 copy() 함수는 얕은 복사를 수행하지만, 리스트 객체와 같은 일부 데이터 타입에서는 깊은 복사를 수행합니다. 이는 내부적으로 데이터 타입마다 얕은 복사와 깊은 복사를 수행하도록 구현되어 있기 때문입니다. 예시 코드를 통해 확인해 보겠습니다.

```python
import copy

a = [1, 2, [3, 4]]
b = copy.copy(a)

print(f"a: {a}")
print(f"b: {b}")
print()

b[0] = 5
b[2][0] = 6

print(f"a: {a}")
print(f"b: {b}")
```

위 코드에서 copy.copy() 함수는 a 객체를 얕은 복사하여 b 객체에 저장합니다. 이때 a 객체와 b 객체는 다른 객체이므로 b 객체의 변경이 a 객체에 영향을 주지 않습니다. 그러나 a 객체 내부의 참조된 [3, 4] 리스트는 a 객체와 b 객체에서 모두 참조되고 있으므로 b[2][0] = 6과 같이 b 객체 내부의 값을 변경하면 a 객체 내부의 값도 함께 변경됩니다. 이는 얕은 복사에서의 한계점입니다.
따라서, 깊은 복사를 수행해야 하는 경우 copy.deepcopy() 함수를 사용하면 됩니다.

또 다른 문제를 보자. 이번에는 C 언어로 문제를 생성했다. 자신이 공부하고자 하는 언어로 문제를 내달라고 명령하면 해당 언어로 출제한다.

 필자

C 언어로 지역 변수와 전역 변수의 차이를 이해할 수 있는 퀴즈를 만들어 줘.

ChatGPT

좋아요! C 언어로 지역 변수와 전역 변수의 차이점을 이해할 수 있는 간단한 퀴즈를 만들어보았습니다. 문제마다 3개의 선택지 중 하나를 선택하면 됩니다.

1. 전역 변수(global variable)는 지역 변수(local variable)와 어떻게 다른가요?
    A) 전역 변수는 프로그램의 어느 곳에서든 사용할 수 있지만, 지역 변수는 특정 블록 내에서만 사용할 수 있습니다.
    B) 전역 변수는 특정 블록 내에서만 사용할 수 있지만, 지역 변수는 프로그램의 어느 곳에서든 사용할 수 있습니다.
    C) 전역 변수와 지역 변수는 사용 방법이 같으며, 구별되는 차이가 없습니다.

2. 다음 중 전역 변수의 단점은 무엇인가요? A) 전역 변수는 프로그램에서 자주 사용되기 때문에 속도가 느려집니다. B) 전역 변수는 다른 부분에서 수정될 수 있기 때문에 예기치 않은 동작이 발생할 수 있습니다. C) 전역 변수는 프로그램의 크기를 더욱 늘리기 때문에 메모리 부족 현상을 초래할 수 있습니다.

3. 지역 변수를 선언할 때 사용되는 키워드는 무엇인가요?
    A) local   B) global   C) auto

4. 전역 변수를 선언할 때 사용되는 키워드는 무엇인가요?
   A) local   B) global   C) auto

5. 다음 코드의 출력 결과는 무엇일까요?

```c
#include <stdio.h>

int a = 10;

int main()
{
    int a = 20;
    printf("a = %d\n", a);

    return 0;
}
```

A) a = 10
B) a = 20
C) 컴파일 오류

역시나 중간에 질문이 있다면 편하게 질문할 수 있다. 다양한 설명, 예시를 끊임없이 제공한다. 진정한 일대일 코딩 과외의 시작이다.

활용 팁은 우선 자신이 공부하고자 하는 언어들에 관해 여러 종류의 문제들을 출제해 달라고 한다. 이후 문제를 풀어보고, 틀린 문제들에 대해 ChatGPT의 설명을 듣고, 예제를 공부한다. 그런 다음 ChatGPT에게 틀린 문제들과 유사한 문제들을 출제해 달라고 한 후 또다시 문제를 풀어보자. 자신의 약점은 강화하고, 강점은 과감하고 빠르게 넘어감으로써 자신의 수준에 가장 적합하고 빠른 학습 방법이 아닐까 싶다. 진정한 메타 인지 기반의 학습인 것이다.

08 기술적 지식을 효과적으로 질문하는 방법: 아이처럼 질문하라!

간혹 아이들이 질문하는 것을 보면 질문을 위한 질문을 하는 경우가 있다. 예를 들어, "지구는 둥글다"라고 하면 "왜 지구는 둥글어요?"라고 묻는다. 여기에 "중력 때문에 먼지와 구름이 돌다가 뭉쳐지면서 그래."라고 대답하면 "왜 먼지와 구름이 돌아요?"라고 묻는다. 즉, "왜"라는 질문이 꼬리에 꼬리를 무는 형태다.

이런 질문이 때때로 대답하기 어려운 이유는, 이 질문을 따라갈수록 더 근본적인 질문으로 향해 가기 때문이다. 물론, 답변자는 근본적인 질문들에 답을 할 수 있을 만큼 깊은 지식이 있어야만 수월하게 대답할 수 있게 된다. 이런 질문 방식을 기술 습득에 활용하면 어떨까? ChatGPT는 인내심을 갖고, 우리의 꼬리에 꼬리를 무는 질문에 대부분 잘 대답해 줄 것이다. 앞의 퀴즈 중 '전역 변수와 지역 변수의 범위'에 관한 질문이 있었다. 이를 활용해 질문해 보자.

필자

왜 전역 변수와 지역 변수가 분리돼야 해?

ChatGPT

변수들의 scope와 lifetime을 관리하기 위해서야. 그렇게 함으로써 변수들을 추적하기 쉬워지고 데이터의 캡슐화가 수월해져!

필자

데이터의 캡슐화가 뭐야?

캡슐화는 프로그램의 구현 세부 사항들이 외부의 동작과 분리되게 하려는 원칙이야. 이를 통해 프로그램들을 더 쉽게 유지할 수 있도록 해주지.

 필자

세부 구현 사항들이 외부의 동작과 분리되게 하는 게 왜 프로그램 유지를 더 쉽게 해?

ChatGPT

프로그램의 일부에서 변경된 내용들이 다른 부분들에 영향을 주지 않게 돼서 그래. 그렇게 되면 버그가 줄어들 수 있거든.

이와 같이 하나의 주제에 대해 대화를 하다가도 자신이 잘 몰랐던 부분이 나오면 또다시 물꼬를 트고 다른 주제로 뻗어 나가는 것이다.

여기서 팁을 주자면 ChatGPT의 답변의 길이, 난이도, 형태를 조절하면서 대화하도록 한다. 먼저 답변의 길이가 너무 길 경우 "방금 한 대답을 3줄로 요약해 줘"라고 하면 가장 중요한 내용 위주로 3줄로 깔끔하게 요약해 준다. 굳이 알고 있는 내용은 길게 들을 필요 없이 요약본만 봐도 된다.

난이도가 너무 높을 경우에는 이를 낮출 수도 있다. 극단적으로는 "내가 6살 조카라고 생각하고, 이해하기 쉽게 방금 한 대답을 다시 설명해 줘"라고 한다면 역시 매우 쉬운 단어들과 비유를 많이 사용해 설명해 준다. 반대로 난이도가 너무 낮을 경우 "나는 이 분야 전문가야. 좀 더 자세하게 설명해 줄래?"라고 한다면 최대한 정확하고 자세한 사실들 위주로 설명해 준다.

형태 역시 바꿀 수 있다. 단순히 정의와 설명 위주로 했을 경우 "방금 한 대답에 관한 예시를 들어줘"라고 한다면 ChatGPT는 '은행 계좌 관리 프로그램에서 캡슐화가 이뤄지지 않았을 때 나타날 수 있는 상황'을 상세하게 예시로 들어준다.

필자

소프트웨어 개발 시 캡슐화의 중요성을 '은행 계좌 관리 프로그램에서 캡슐화가 이뤄지지 않았을 때 나타날 수 있는 상황' 예시로 설명해 줘.

ChatGPT

은행 계좌 관리 프로그램에서 캡슐화가 이뤄지지 않았을 때는 다른 객체나 모듈에서 계좌의 상태를 직접 변경할 수 있기 때문에 보안 문제나 데이터 무결성 문제 등이 발생할 수 있습니다. 예를 들어, 다른 개발자나 악의적인 사용자가 계좌 정보에 접근하여 잔액을 직접 수정하거나 계좌의 주인이 아닌 사람이 계좌를 탈취할 수 있습니다.

더 구체적으로, 예를 들어 계좌 정보를 저장하는 클래스가 있을 경우, 해당 클래스의 필드나 메서드에 public 접근 제어자를 사용하면 다른 클래스에서 해당 필드나 메서드에 직접 접근하여 값을 변경하거나 메서드를 호출할 수 있습니다. 이런 경우, 은행 계좌 관리 프로그램은 캡슐화되지 않은 상태이므로 데이터 무결성 문제와 보안 문제가 발생할 가능성이 있습니다.

하지만, 캡슐화를 적용하면, 해당 클래스의 필드와 메서드를 private 또는 protected로 설정하여, 다른 클래스에서 직접 접근하지 못하도록 할 수 있습니다. 대신에, public으로 노출된 인터페이스를 통해서만 필드나 메서드에 접근할 수 있게 됩니다. 이렇게 되면, 다른 개발자나 악의적인 사용자가 해당 클래스의 필드나 메서드에 직접 접근할 수 없으므로, 보안 문제나 데이터 무결성 문제가 발생할 가능성이 낮아집니다.

"방금 든 예시를 코드 예제로 만들어서 보여줘"라고 한다면 직접 캡슐화가 잘 이뤄진 경우와 그렇지 않은 경우에 대해 은행 계좌 코드까지 작성해 보여준다. 다음은 ChatGPT가 설명 중간에 보여준 캡슐화 적용 및 미적용 비교 코드다.

필자

Python 코드 예시로 두 경우를 비교해 줘.

캡슐화가 이뤄지지 않은 경우와 캡슐화가 이뤄진 경우의 Python 코드 예시를 들어보겠습니다.

캡슐화가 이뤄지지 않은 경우:

```python
class BankAccount:
    def __init__(self, account_number, balance):
        self.account_number = account_number
        self.balance = balance
    def withdraw(self, amount):
        self.balance -= amount
    def deposit(self, amount):
        self.balance += amount
```

위 코드에서는 BankAccount 클래스의 필드인 account_number와 balance가 public으로 설정되어 있기 때문에 , 다른 클래스에서 해당 필드에 직접 접근할 수 있습니다. 따라서, 다른 클래스에서 아래와 같이 balance 값을 직접 수정할 수 있습니다.

```python
account = BankAccount(123456, 1000)
account.balance = 5000
```

위 코드에서는 account 객체의 balance 값을 1000에서 5000으로 직접 수정하였습니다. 이런 경우, 데이터 무결성 문제와 보안 문제가 발생할 가능성이 있습니다.

캡슐화가 이뤄진 경우 :

```python
class BankAccount:
```

```
def __init__(self, account_number, balance):
    self.__account_number = account_number
    self.__balance = balance
def withdraw(self, amount):
    self.__balance -= amount
def deposit(self, amount):
    self.__balance += amount
def get_balance(self):
    return self.__balance
def get_account_number(self):
    return self.__account_number
```

위 코드에서는 BankAccount 클래스의 필드인 account_number와 balance가 private으로 설정되어 있기 때문에, 다른 클래스에서 직접 접근할 수 없습니다 . 대신에, get_balance 메서드와 get_account_number 메서드를 public으로 노출시켜서, 다른 클래스에서 해당 메서드를 호출하여 값을 가져올 수 있습니다.

```
account = BankAccount(1 23456, 1 000)
balance = account.get_balance()
account_number = account.get_account_number()
```

위 코드에서는 account 객체의 balance 값을 가져오기 위해 get_balance 메서드를 호출하였습니다. 이런 경우, 데이터 무결성 문제와 보안 문제가 발생할 가능성이 낮아집니다.

비단 개발 공부뿐만 아니라 다른 분야의 공부에서도 ChatGPT의 등장은 혁명을 일으킬 것임이 자명하다. 이 책의 범위에서는 개발 공부에 ChatGPT를 활용하는 방법에 집중하기 때문에 이 부분을 좀 더 설명하면 이제는 단순히 더 가볍고 빠르게 동작하는 코드를 잘 짜는 것이 중요한 시대가 아니다. 그렇다면 AI

가 더 빠르고 가벼운 코드를 순식간에 찍어내는 이 시대에 앞으로는 무엇이 중요한 자질일까?

첫 번째는 AI 시스템과의 협업 능력이다. 앞에서 좋은 대답을 위해서는 명확한 요구 사항 입력이 중요하다는 내용을 언급했다. 이는 사실 사람들과의 협업에서도 중요한 자질이다. 이런 협업 능력은 이제 AI에도 적용되어야 한다. 명확한 요구 사항 도출을 기반으로 한 AI 시스템에 명령하는 능력이 앞으로 중요해질 것이다.

두 번째는 문제 해결 능력이다. 인공지능이 수많은 일들을 자동화시킬 수 있으나, 여전히 아직은 복잡한 문제들을 해결하는 데 사람의 입력을 필요로 한다. 인간 프로그래머들이 강력한 문제 해결 능력을 갖고 창의적으로 솔루션을 찾기 위해 AI와 협업한다면 문제는 더욱 쉽게 풀릴 것이다.

세 번째는 평생 학습 자세다. AI 분야는 자고 일어나면 또 많은 것이 변해 있다. 필자는 공부하는 것을 좋아해 특히 이런 분야에 가슴이 뛰었던 기억이 많지만, 그럼에도 불구하고 평생 공부해야 하는 숙명이 가끔은 버겁기도 하다. 피할 수 없다면 즐기자. 어차피 AI의 물결은 이미 시작되었다. 이제는 거대 언어 모델의 등장으로 기술 발전은 당연히 더 가속화될 것이다. 어차피 거세지는 물결, 즐기자.

09 필자가 추천하는 방법: ChatGPT와 함께 맨땅에 헤딩하기

맨땅에 헤딩을 하라니 그게 무슨 말일까? 이는 필자가 자주 사용하는 공부 방법이다. 먼저 만들고자 하는 프로그램을 하나 정한다. 구현하기 어려울수록 더 재미있다. 예를 들어, '내 얼굴 사진들 중 가장 아름다운 사진을 골라주는 모바일 어플'이라고 해보자. 이제 이를 종이, 화이트 보드 등 실체가 존재하는 물체에 작성하자. 마감 일자도 함께 정해본다. 이후에는 생각할 시간을 며칠 갖는다.

　이 시간 동안 먼저 문제를 명확하게 정의하고, 문제를 풀 수 있는 방법론을 몇 가지 제안한다. 그리고 이것들 중 구현이 가능할 것 같은 것들의 순위를 매긴다. 여기서는 문제를 정의하기 위해 '아름다운 사진과 그렇지 않은 사진은 어떻게 정의하는가?'를 풀어야 한다. '얼굴 특징들의 대칭성'을 수학적인 metrics로 정의할 수도 있고, 데이터 기반으로 CelebA 등의 공개 데이터셋 얼굴 데이터를 모아 labeling 전문 업체에 맡겨 비교적 객관적으로 아름다움을 labeling한 후 딥러닝 학습을 할 수도 있을 것이다. 풀이 방법론은 대칭성의 metrics, 컨볼루션 신경망 기반으로 얼굴 데이터셋 학습 등을 정했으면 이 중 구현 가능한 순위를 매긴다. 데이터에 따른 일반화를 고려하면 딥러닝 모델을 사용하는 것이 더 유용해 보이므로 이를 선택했다고 가정하자.

　그런 다음 사용 언어를 결정(예: 모바일 애플리케이션은 Java, 추론 모델 학습은 Python 활용)하고, 사용할 라이브러리(PyTorch, TensorFlow, TensorFlow Lite를 사용해 모바일에 딥러닝 모델을 올리기 위한 *.tflite 파일 추출 등)도 결정한다. 추가로 웹 크롤링을 통해 데이터셋을 모을지 결정해 데이터도 추가 확보한다. 이후 적절한 딥러닝 모델(예: inception-v3)을 정하고, 추가 확보한 모든 사진들과 레이블을 기존 백본 모델에 전이 학습시켜서 미세 튜닝Fine-Tuning한다. 충분한 테스트 성능이 나오면 모바일에 올리기 위한 모델 경량화 작업을 거친 후 모델에 올려 테스트한다. 결과가 마음에 들지 않으면 다시 데이터셋 작업으로 돌아가 처음부터 개선한다. 모델도 수정하고 데이터셋 전처리도 다시 하며 원하는 성능이 나올 때까지 원인 분석, 데이터셋 추가 및 전처리, 모델 수정, 성능 평가를 반복한다.

이는 실제로 필자가 기존에 토이 프로젝트로 진행해 안드로이드 앱을 출시하기까지의 여정이었다. 이를 ChatGPT의 도움을 받아 진행하면 어떻게 될까?

문제 정의

필자

먼저 얼굴의 아름다움을 측정할 수 있는 방법론들에는 뭐가 있을까?

ChatGPT

대칭성, 비율, 피부 톤 등을 수치화해 규칙 기반 판단/사람들의 평가를 레이블화 함/두 가지 방법 혼용 등을 사용할 수 있어요.

방법론

필자

좋아. 아름다움과 관련된 특성들을 뽑아서 레이블과 연관시킨 다음에. 어떻게 이를 프로그램으로 구현하지?

ChatGPT

입력 데이터로부터 특성을 추출해 이를 정규화하고, 프로그램에 규칙 기반 혹은 딥러닝 기반으로 점수를 매길 수 있도록 Python 스크립트로 작성해요.

구현

필자

음, 내가 256×256 크기의 이미지들을 총 100,000장 모았고, 여기에 다양한 사람들에 의해 작성된 미모 점수들의 텍스트 파일도 있어. 이제 어떻게 구현하면 돼?

ChatGPT

먼저 데이터 전처리를 하고, Data가 충분해야 하니 Augmentation도 해요. 그다음은 모델 아키텍처를 디자인한 후 컴파일해요. 그리고 모델을 학습시키죠. 완료되면 평가 지표를 사용해서 성능 평가를 하면 돼요.

추가 고려 사항

필자

만약 스마트폰에 모델을 올려보려면 뭘 더 고려해야 할까?

ChatGPT

모델 사이즈와 연산 리소스 제약 사항을 고려해야 하고, 지연 시간과 배터리 사용량도 세심하게 고려해야 해요. 또한 TensorFlow Lite와 같은 모바일에 특화된 딥러닝 프레임워크를 사용하면 좋아요.

위의 ChatGPT와의 대화에는 지면 한계상 요약만 담았으나, 정확히 ChatGPT가 해준 조언은 모두 ChatGPT가 없던 과거에 필자가 한참을 고민하고 인터넷을 검색하며 풀이 방법을 찾아갔던 과정과 동일했다. 오히려 다양한 고려 사항들(예: 인종, 문화적 배경에 따른 평가 방식의 차이 등)에 대해서도 알려주는 디테일까지 겸비해 놀랐다. 더욱 놀라운 것은 "데이터 전처리? 예시 코드를 보여

쥐"라고 명령하면 지금까지의 대화를 참조해 적합한 예시 코드를 생성해낸다는 점이다.

한편으로는 아쉽기도 하다. 필자와 같이 목표를 정의하고 목표를 이루기까지 수많은 고민과 조사를 수행하고 직접 구현해 테스트의 실패를 반복한 결과, 원하는 결과를 이뤄냈을 때의 희열을 느끼는 사람들이 그만큼 줄어들 수도 있기 때문이다.

앞으로는 ChatGPT와 대화 몇 번이면 원하는 프로그램들을 구현할 수 있을 것이다. 또한 조만간 재능 판매 사이트에서 단순하게 요구 사항에 맞춰 코드를 구현해 주고 의뢰비를 받는 시장에도 변화가 생기지 않을까 싶다. 이제는 단순하게 정해진 요구 사항만 따라서 수동적으로 코딩하는 코더의 자세로 개발해서는 안 된다. 지금의 AI의 물결을 거스르지 않고 그 흐름을 탄 AI 시스템을 업무에 가장 잘 활용하는 개발자가 되어야 한다. 다음 장들에서는 개발 업무에 ChatGPT를 어떻게 활용할 수 있는지 자세히 다뤄보도록 한다.

ChatGPT를
개발 업무에 활용하기

개발 업무에 ChatGPT를 활용하는 다양한 방법과 노하우를 알아보자.

01 코드 개선 및 디버깅에 활용하기

코드 개선 및 디버깅에 ChatGPT를 사용할 경우 다양한 이득이 있다. 우선 ChatGPT는 쉬지 않는다. 24시간 365일 언제, 어디서든 개발자들이 원할 때마다 직접 코드를 디버깅해 줄 수도 있고 디버깅하는 데 조언을 해줄 수도 있다.

또한 ChatGPT는 즉시 답변을 제공한다. 스택 오버 플로 등 유명한 프로그래밍 질문 답변 사이트들을 방문해 보면 답변이 코멘트 형식으로 달리기 때문에 당장 해결이 필요한 버그에 대해 빠른 피드백을 받기 어렵다.

ChatGPT는 가격에 있어서도 메리트가 크다. 외부 서비스를 통해 코드 디버깅 의뢰를 하거나 외부 팀을 영입하는 방식은 훨씬 비용이 많이 든다. 물론, 의료용 제품에 들어가는 코드나 항공기 관제 코드와 같은 중요한 코드인 경우 아웃소싱을 통해 디버깅을 수행하고 코드 강건성을 확보하는 것이 필수적이겠지만, 그렇지 않은 경우에는 월 구독료만 내면 전 직원이 몇 명이든 즉각 코드 디버깅에 도움을 줄 수 있는 ChatGPT가 경제적이라고 할 수 있다.

또한 ChatGPT는 거대 언어 모델로, 방대한 코드 데이터를 학습했다. 개인의 지식은 시간과 작은 두뇌 구조상 한계가 있다. 방대한 데이터를 기반으로 디버깅을 수행하는 것이 더 효율적이고 정확한 코드를 생성할 가능성을 높여준다.

그리고 ChatGPT는 개개인이 짠 코드에 비해 훨씬 일관성이 있다. 개개인은 각자의 코딩 스타일대로 코드를 짜기도 한다. 이때 Human Error가 들어가는 경우가 많은데, ChatGPT는 이런 점에서도 우위를 갖는다. 물론, 코드를 읽고 분석하는 사람들도 개인마다 다른 코딩 스타일보다 이런 일관적인 코딩 스타일로 작성된 코드를 읽고 싶어할 것이다.

그럼 이제 실제로 디버깅에 어떻게 ChatGPT를 활용할 수 있는지 알아보자. 먼저 필자가 예제로 준비한 비효율적 코드는 다음과 같다. 정수들로 구성된 리스트를 입력으로 넣으면 오름차순으로 정렬해 출력하는 함수다. 이 함수에 대해 ChatGPT가 어떻게 개선 또는 디버깅할 수 있는지 물어보았다.

 필자

아래 코드의 문제점을 살펴봐 줘.

```python
def find_smallest_element(input_list):
    smallest = input_list[0]
    for i in range(1, len(input_list)):
        if input_list[i] < smallest:
            smallest = input_list[i]
    return smallest


def sort_list(input_list):
    sorted_list = []
    while len(input_list) > 0:
        smallest = find_smallest_element(input_list)
        sorted_list.append(smallest)
        input_list.remove(smallest)
    return sorted_list
```

이 코드는 적절하지만, 일부 문제가 있습니다. 첫째로, 매번 목록에서 가장 작은 요소를 찾기 위해 루프를 사용하기 때문에 효율적이지 않습니다. 이는 $O(n^2)$의 시간 복잡도를 가져옵니다.

둘째, 입력 목록에 중복이 있을 경우 remove() 함수가 지정된 요소의 첫 번째 발생만 제거하기 때문에 예상대로 동작하지 않을 수 있습니다.

셋째, 입력 목록이 비어 있을 경우 코드가 처리하지 않으며 IndexError가 발생할 수 있습니다.

 필자

그래? 그럼 앞의 코드를 고쳐줘.

아래와 같이 코드를 수정할 수 있습니다.

```
def find_smallest_element(input_list):
    if len(input_list) == 0:
        return None
    smallest = input_list[0]
    for i in range(1, len(input_list)):
        if input_list[i] < smallest:
            smallest = input_list[i]
    return smallest


def sort_list(input_list):
    if len(input_list) == 0:
        return []
    sorted_list = []
    while len(input_list) > 0:
        smallest = min(input_list)
        sorted_list.append(smallest)
        input_list.remove(smallest)
    return sorted_list
```

이제 코드는 내장된 min( ) 함수를 사용하여 가장 작은 요소를 찾습니다. 이
는 O(n)의 시간 복잡도를 가집니다. 또한, 처리하기 전에 입력 목록이 비어
있는지 확인하여 IndexError를 방지합니다.

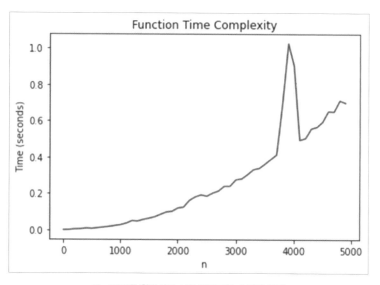

ChatGPT를 활용하여 시간 복잡도를 측정한 결과

첫 번째로는 함수의 시간 복잡도에 문제가 있다는 경고였다. 이에 ChatGPT
를 활용해 시간을 측정하고 그림을 그려주는 코드를 작성해 위 그림의 우측 상
단과 같이 리스트의 길이를 늘려가며 측정된 시간을 그렸다. 길이 5000까지의
리스트에 대해 $O(n^2)$ 형태로 비선형 증가하는 것을 볼 수 있다. 두 번째로는 중
복된 수에 대해 의도대로 동작하지 않을 수도 있다는 경고였다. 마지막으로는
find_smallest_element( ) 함수에서 입력 리스트의 첫 번째 요소에 접근할 때 빈
리스트라면 IndexError가 발생할 수 있다는 경고였다.

중복된 수는 무시되어 최초 최솟값으로 지정된 값으로 출력되므로 큰 문제가 아니고, IndexError도 사실 while문의 조건에 의해 걸러지므로 큰 문제는 아니다. 하지만 분명 좋은 코드는 아니므로 ChatGPT의 조언은 어느 정도 참고할 만하다. 이번에는 ChatGPT에게 이 코드를 개선해 달라고 명령한 결과를 보자.

필자

시간 복잡도 관점에서 이 코드를 개선해 줘.

ChatGPT

다음은 개선된 코드입니다.

```
import random

def quicksort(input_list):
    if len(input_list) <= 1:
        return input_list
    pivot_index = random.randint(0, len(input_list)
    - 1)
    pivot = input_list[pivot_index]
    less = [x for i, x in enumerate(input_list) if
    x <= pivot and i != pivot_index]
    greater = [x for i, x in enumerate(input_list)
    if x > pivot and i != pivot_index]
    return quicksort(less) + [pivot] + quicksort
    (greater)


def sort_list(input_list):
    return quicksort(input_list)
```

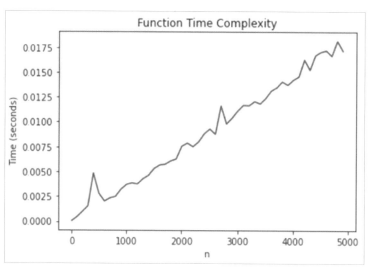
ChatGPT가 작성한 개선된 코드의 입력 리스트 길이에 따른 시간 복잡도

결과를 보면 정렬 알고리즘들 중 상당히 효율적이고 많은 프로그래밍 언어들에서도 default로 들어갈 정도로 괜찮은 알고리즘인 quick sort 알고리즘으로 구현했다. 시간 복잡도를 보면 개선 전과 다르게 거의 선형에 가깝다. 실제로는 $O(n \log n)$의 시간 복잡도를 갖는 알고리즘이다. 그래도 시간값을 보면 조금 전과 비교해 스케일부터 다르게 굉장히 빠르다.

지면의 한계로 이번 예제에서는 굉장히 작은 코드 블록에 대해 디버깅을 수행했다. 그러나 필자는 개인적으로 다양한 딥러닝 알고리즘들을 구현하면서 모델 내 레이어에서 요구하는 텐서 차원과 실제 입력 텐서 차원이 상이한 경우, 2중 또는 3중 for문으로 구성된 반복문의 디버깅 등 복잡한 코드 디버깅에도 매우 유용하게 활용하고 있다.

디버깅 시 마지막 팁은 divide-and-conquer(나눠서 해결) 자세를 항상 유지해 코드 블록을 더 작게 쪼개 작은 블록 단위로 ChatGPT에 디버깅을 요청하는 것이다. 마치 Unit Test를 진행하듯이 작은 블록들이 정상적으로 잘 동작하는 것을 확인하고, 이들을 모아 큰 블록을 구성하면 큰 문제 없이 동작하는 코드를 쉽게 작성할 수 있다.

⑫ 작은 함수들을 ChatGPT로 만들어 보기

필자 역시 개발자로서 개발을 하다 보면 빠르게 기능을 구현하고, 그 가능성 여부를 살펴볼 때가 있다. 기능이 유용한지 미리 살펴보면 추후 기능 개발 중 개발이 엎어지거나 다른 기능을 개발하게 되는 경우를 상당히 줄일 수 있기 때문이다. 효과적인 기능 판단을 위해 프로토타입 기능들을 개발해 비교해 보는 과정은 매우 중요하다.

이때 프로토타입 기능(실제 기능 개발에도 활용) 구현 시 빠르게 함수들을 구현해 보면 개발 시간을 상당히 단축할 수 있다. 예를 들어, 계산기 기능이 들어 있는 캘린더를 개발하는 상황을 가정해 보자. 먼저 사칙연산 함수를 구현하기 위해 다음과 같이 ChatGPT에 사칙연산을 할 수 있는 함수를 요청해 보겠다.

필자

사칙연산을 할 수 있는 Python 코드를 보여줘. 입력은 두 개의 정수와 연산 종류이고, 출력은 하나의 실수야.

ChatGPT

두 개의 정수와 연산 종류를 입력받아 해당 연산을 수행하고, 그 결과를 하나의 실수로 반환하는 함수를 작성해 보겠습니다.

```
def calculate(a, b, op):
    if op == '+':
        # 덧셈
        result = a + b
    elif op == '-':
        # 뺄셈
        result = a - b
    elif op == '*':
        # 곱셈
        result = a * b
    elif op == '/':
        # 나눗셈
        try:
            result = a / b
        except ZeroDivisionError:
            print("0으로 나눌 수 없습니다.")
            return None
    else:
        print("잘못된 연산 종류입니다.")
        return None

    # 결과 반환
    return result
```

이 함수는 a와 b라는 두 개의 정수와 op라는 연산 종류를 인자로 받아, 해당 연산을 수행하고 결과를 반환합니다. 만약 op가 잘못된 연산 종류라면 오류 메시지를 출력하고 None을 반환합니다. 나눗셈에서 0으로 나누는 경우 ZeroDivisionError 예외가 발생하므로 이를 처리하기 위해 try-except 문을 사용했습니다.

상당히 깔끔하게 메소드를 작성해 준다. 그런데 중간에 소프트웨어 요구 사항이 변경되어 입력이 두 정수가 아니라 하나의 리스트고, 리스트의 연속한 두

수를 사칙연산해 출력 리스트에 추가하도록 변경되었다고 가정하자. 이 경우 ChatGPT를 사용하면 간단하게 입출력 사양이 변경된 새로운 함수를 빠르게 생성할 수 있다. 다음과 같이 요구 사항을 명확하게 ChatGPT로 요청해 보겠다.

필자

사칙연산을 할 수 있는 Python 코드를 보여줘. 입력은 정수로 구성된 리스트고, 출력은 실수들로 구성된 리스트야. 연산 종류에 따라 사칙연산을 적용할 수 있어. 입력 리스트의 연속된 두 숫자들에 연산을 적용해 결과를 실수 값으로 출력 리스트에 추가해 줘.

ChatGPT

정수로 구성된 리스트와 연산 종류를 입력받아 해당 연산을 적용한 결과를 실수 값으로 출력 리스트에 추가하는 함수를 작성해 보겠습니다.

```python
def calculate(nums, op):
    results = []
    for i in range(len(nums)-1):
        a = nums[i]
        b = nums[i+1]

        if op == '+':
            # 덧셈
            result = a + b
        elif op == '-':
            # 뺄셈
            result = a - b
        elif op == '*':
            # 곱셈
            result = a * b
        elif op == '/':
            # 나눗셈
```

```python
        try:
            result = a / b
        except ZeroDivisionError:
            print("0으로 나눌 수 없습니다.")
            return []

    else:
        print("잘못된 연산 종류입니다.")
        return []

    # 결과 리스트에 추가
    results.append(result)

# 결과 리스트 반환
return results
```

사실 위와 같이 길게 서술할 필요 없이 이전 질문이 사칙연산에 대한 질문이었다면 바로 다음 질문을 "만약 입출력을 리스트로 바꾼다면?"이라고 작성하기만 해도 위와 동일한 코드를 작성해 준다. 그러나 문맥에 의존하는 질문보다는 명확한 요구 사항으로 코드를 구현하는 것이 좋은 개발자의 습관임을 명심하고, ChatGPT로 요구 사항을 요청할 때에도 이를 따른다면 생각지 못한 동작을 하는 코드가 출력 결과로 나올 가능성이 현저히 줄어든다.

이번에는 필자가 여러 번 ChatGPT에게 다양한 방식으로 사칙연산을 시키며 나온 결과 중 하나를 예시로 가져왔다. 이 코드를 사용해 디버깅을 할 것이다. [1, 2, 3, 4, 5] 리스트를 입력으로 넣었을 때에는 예상되는 결과가 나왔다. 그런데 만약 입력 리스트에 0이 있는 경우라면 어떻게 될까?

```python
def calculate(nums, op):
    results = []
    for i in range(len(nums)-1):
        a = nums[i]
        b = nums[i+1]
        if op == '+':
            # 덧셈
            result = a + b
        elif op == '-':
            # 뺄셈
            result = a - b
        elif op == '*':
            # 곱셈
            result = a * b
        elif op == '/':
            # 나눗셈
            result = a / b
        else:
            print("잘못된 연산 종류입니다.")
            return []
        # 결과 리스트에 추가
        results.append(result)
    # 결과 리스트 반환
    return results
```

ChatGPT가 구현한 사칙 연산 코드

필자가 넣은 입력

```python
calculate([1,2,3,0],'/')
```

오류 메시지

```
ZeroDivisionError                 Traceback (most recent call last)
<ipython-input-9-d3e8b145d729> in <module>
----> 1 calculate([1,2,3,0],'/')
<ipython-input-8-d8bbc2775a67> in calculate(nums, op)
     16         elif op == '/':
     17             # 나눗셈
---> 18             result = a / b
     19
     20         else:
ZeroDivisionError: division by zero
```

ChatGPT가 생성한 코드의 예외 상황 체크

위와 같이 나눗셈에서 0으로 나눠지며 ZeroDivisionError 예외가 호출되었다. 이런 경우 두 가지 해결 방법이 있다. 하나는 개발자가 손수 예외 처리를 해주는 방법이다. 입력 데이터의 특성과 범위에 대한 도메인 지식을 활용해 필요한 데이터에 맞게 개발자가 효율적으로 예외 처리하는 것이다. 다른 하나는 바로 ChatGPT에게 문제 상황을 알려주고, 개선된 코드를 요청하는 방법이다.

필자

리스트의 멤버 중 하나가 0이면, 0으로 나눌 수 없으므로 ZeroDivisionError 가 발생해. 코드를 개선해 줘.

ChatGPT

아래는 개선된 코드입니다.

```
def calculate(nums, op):
    results = []
    for i in range(len(nums)-1):
        a = nums[i]
        b = nums[i+1]
        if op == '+':
            # 덧셈
            result = a + b
        elif op == '-':
            # 뺄셈
            result = a - b
        elif op == '*':
            # 곱셈
            result = a * b
        elif op == '/':
            # 나눗셈
            try:
____            result = a/b
            except ZeroDivisionError:
                print("0으로 나눌 수 없습니다.")
                return []
        else:
            print("잘못된 연산 종류입니다.")
            return []
        # 결과 리스트에 추가
        results.append(result)
    # 결과 리스트 반환
    return results
```

이번에는 분모가 0인지를 확인하여 자동으로 예외 상황을 처리할 수 있도록
개선한 코드가 나왔다. 특별히 요구 사항을 나열하지 않아도 문제만 알려줬을

뿐인데도 예외 처리 코드까지 작성한다(물론, 예외 입력에 대한 요구 사항을 명확하게
알려주는 방법도 있다).

03 복잡한 모델을 ChatGPT에게 만들어 달라고 하기

혹시 간단한 사칙연산만 가능한 것이 아닌가 하는 의문을 갖는 독자분들도 있을
것이다. 이에 좀 더 복잡한 코드를 요청해 보도록 하자. 아예 딥러닝 모델 기반인
ChatGPT에게 또 다른 딥러닝 모델을 만들어 달라고 부탁해 보도록 하겠다.

MNIST 손글씨 데이터셋에 대한 분류 모델을 만드는 코드의 일부

코드가 매우 길어 중략했다. MNIST 데이터셋은 0부터 9까지의 손글씨 데이터셋이다.

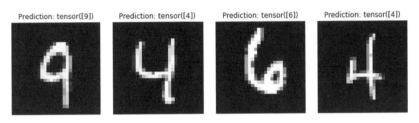

MNIST 손글씨 데이터셋의 일부

구현 모델은 손글씨 이미지를 딥러닝 모델이 입력으로 받아 어떤 숫자인지를 출력해 주는 딥러닝 사진 인식 모델이다. 과연 오류 없이 잘 동작하는지 실행해 보겠다.

```
Test set: Average loss: 0.2699, Accuracy: 9245/10000 (92%)
```

대표적인 데이터셋을 활용하고, 모델도 크게 복잡하지 않아서인지 한 번에 오류 없이 실행되었으나, 요구 사항이 복잡해지고 개인적인 데이터셋을 사용하게 되면 해당 코드가 동작하지 않을 수도 있다. 이 경우에는 개발자가 직접 데이터셋 전처리를 통해 모델의 입력 형태로 가공해야 한다. 또한 사용 환경에 따른 의존성 문제가 있을 수 있는데, 이를 위해서 가상 환경을 일치시키는 부수적인 작업도 필요할 수 있다. 위의 예시에서 필자는 Colab을 사용했고, 그 결과 모델이 총 10,000장의 손글씨 사진들 중 9,245장을 맞춰 정확도 92%의 성능을

보였다. 그런데 결과가 너무 밋밋하다. 좀 더 직관적으로 와닿도록 결과를 볼
수는 없을까? 이제 ChatGPT에 테스트 데이터셋 일부를 불러와 이미지로 그려
보고, 모델의 손글씨 인식값과 실제 정답을 함께 표시하는 코드를 작성하도록
했다.

```python
from matplotlib import pyplot as plt
# Test the model
with torch.no_grad():
    for data, target in test_loader:
        output = model(data)
        pred = output.argmax(dim=1, keepdim=True)
        # Plot a part of the test dataset images
        fig, axes = plt.subplots(1, 4, figsize=(10, 5))
        for i, ax in enumerate(axes.flat):
            ax.imshow(data[i].squeeze().numpy(), cmap='gray')
            ax.set_title(f'Prediction: {pred[i]}')
            ax.axis('off')
        plt.tight_layout()
        plt.show()
        break # Only display a part of the test dataset images
```

Prediction: tensor([3]) Prediction: tensor([6]) Prediction: tensor([7]) Prediction: tensor([5])

앞서 92%의 성능이 무색하지 않게 실제 정답과 모델의 예측값이 앞의 예시

에서는 모두 일치했다. 데이터셋 다운로드, 전처리, 모델 학습 그리고 모델 추론 후 결과 시각화까지 모두 ChatGPT로만 작성하는 데 큰 문제가 없음을 볼 수 있다.

하지만 ChatGPT의 코드 작성 능력은 완벽하지 않다. 간혹 import하지 않은 라이브러리를 바로 사용해 오류가 발생하기도 하고, 함수의 입출력 인터페이스가 맞지 않아 오류가 발생하기도 한다. 몇 번의 오류를 겪고 디버깅을 수행하다 보면 ChatGPT를 활용하는 것이 맞는지 고민할 수도 있다.

그러나 ChatGPT를 활용해 작은 함수 블록들을 구현하는 데 점차 활용하기 시작한다면 많은 개발자들이 ChatGPT를 개발에 활용하는 데 큰 매력을 느낄 것으로 확신한다. 단순한 알고리즘 개발은 이제 ChatGPT에게 맡기고 개발자는 더 상위 레벨의 아키텍처를 고민하고, 코드 구조를 효율화시킬 방법을 연구할 수 있는 시간이 생긴 것이다.

04 ChatGPT에게 알고리즘의 복잡도를 측정해 달라고 하기

개발을 하다 보면 다양한 알고리즘들을 구현해야 하는 경우가 많다. 그 알고리즘의 성능 지표들 중 유명한 것이 바로 시간 복잡도Time Complexity와 공간 복잡도Space Complexity다. 간단히 말하면 시간 복잡도는 '코드가 도는 데 얼마나 오래 걸리나?'이고, 공간 복잡도는 '코드가 얼만큼의 메모리를 잡아먹는가?'이다. 물론, 입력 데이터가 많을수록 코드가 오래 돌고 많은 메모리를 잡아먹겠지만, 입력되는 데이터가 선형으로 n배 증가할 때 시간이 n^2배로 증가한다면 이는 n배로 증가하는 코드보다 더 느린 코드가 될 것이다. 만약 입력되는 데이터가 n배 증가했는데, 메모리가 n³배로 증가한다면 이 역시 너무 많은 메모리를 소요하는 코드가 될 것이다. 이를 big O 표기법으로 해 $O(n^2)$, $O(log\ n)$ 등과 같이 입력 스케일에 대해 코드의 시간 및 공간 복잡도를 표기한다.

ChatGPT는 시간 및 공간 복잡도에 대한 답변도 가능하다. 즉, 개발을 하다가 어떤 알고리즘을 활용할지 고민될 때 두 알고리즘의 시간 및 공간 복잡도를 ChatGPT에게 물어보면 결정에 매우 유용한 정보를 얻게 된다. 그럼 먼저 피보나치 수열을 재귀적인 방법으로 구하는 함수의 시간 복잡도를 물어보자.

 필자

피보나치 수열을 재귀적인 방법으로 구하는 함수의 시간 복잡도를 알려줘.

ChatGPT

재귀 함수를 사용하여 피보나치 수열을 계산하는 경우, 함수가 재귀 호출될 때마다 두 번의 호출이 발생하므로, 호출 횟수는 대략 2^n에 비례합니다. 따라서, 재귀 함수를 사용하여 피보나치 수열을 계산하는 경우, 시간 복잡도는 $O(2^n)$입니다.
하지만, 이 방법은 매우 비효율적이기 때문에, 일반적으로는 동적 계획법이나 반복적인 방법을 사용하여 구현하는 것이 더 효율적입니다.

ChatGPT의 대답대로 실제 정답은 $O(2^n)$이다. 정확히 맞췄다. 심지어 그 이유도 정확하게 설명한다. 그럼 실제로 이를 검증해 보자. 검증은 시간을 재는 함수를 만들어 위의 함수 입력을 선형적으로 증가시키며 실제 동작 시간을 저장하는 것이다. 그리고 이를 그려보자. 아예 이를 ChatGPT에게 시켜보면 어떨까?

필자

위의 피보나치 함수의 입력 n을 선형적으로 증가시키며 실제 동작 시간을 저
장하고, 그리는 코드를 보여줘.

입력값 n을 다른 값들에 대해 fib( ) 함수의 시간을 측정하여 그리는 함수는
아래와 같습니다.

```python
import time
import matplotlib.pyplot as plt

def fib(n):
  if (n == 0 or n == 1):
    return n;
  else:
    return fib(n - 2) + fib(n - 1);


N = 45
times = []

for i in range(1, N):
    print(i)
    start_time = time.time()
    fib(i)
    times.append(time.time() - start_time)

x = range(1, N)
y = times
plt.plot(x, y)
plt.xlabel('n')
plt.ylabel('Time (seconds)')
plt.title('Fibonacci Time Complexity')
plt.show()
```

순식간에 코드 동작 시간을 실제로 검증해 볼 수 있는 코드까지 만들어 주었다. 이제 ChatGPT가 답변한 시간 복잡도가 맞는지 검증해 보자(n값만 더 키워서 45까지 측정해 보았다).

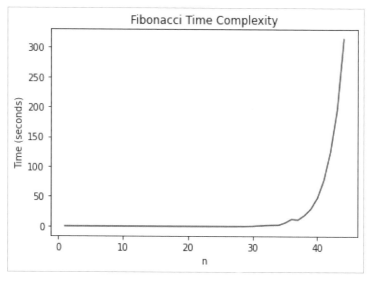

ChatGPT가 직접 그린 입력 변수 크기 별 함수 실행 시간

ChatGPT가 예상했던 대로 $O(2^n)$의 시간 복잡도는 그림과 같다. 정답을 맞췄을 뿐만 아니라 정답을 검증하는 작업도 ChatGPT를 활용할 수 있었다. 이번에는 공간 복잡도(메모리)에 대해 물어보자.

필자

공간 복잡도는 얼마야?

재귀적인 방법으로 구현된 피보나치 수열 함수의 공간 복잡도는 호출 스택에 필요한 공간에 따라 결정됩니다. 이 함수에서는 각 재귀 호출마다 스택에 새로운 프레임이 생성되므로, 스택에 저장되는 프레임의 개수가 n에 비례합니다.
따라서, 이 함수의 공간 복잡도는 O(n)입니다.

이 역시 정확한 정답이다. 실제 정답도 O(n)이고, 설명 또한 정확하다. 사람도 때때로 특정 알고리즘의 시간 및 공간 복잡도를 분석할 때 애를 먹는데, ChatGPT는 비교적 수월하게 해당 태스크를 수행했다.

05 개발 코드의 문서화 작업에 ChatGPT 활용하기

ChatGPT는 코드를 문서화하는 작업도 도움으로써 개발자들이 로직과 코드의 목적을 설명하기 쉽게 만든다. 이를 통해 다른 사람들이 코드를 이해하기 쉽게 해 유지보수에 큰 도움을 줄 수 있다. 코드를 문서화의 기본적인 예시로 코드의 목적, 디자인과 동작을 코드 내에 주석을 달아 설명하고 있다.

여기서 ChatGPT의 강점이 발휘되는데, ChatGPT는 함수, 클래스 그리고 모듈들의 입출력과 동작, 변수들, 복잡한 코드 블록에 대한 설명을 docstring으로 작성할 수 있다. docstring은 모듈, 함수, 클래스 또는 메소드의 정의 이후에 바로 위치해 해당 기능의 목적, 동작, 사용에 관한 정보를 제공한다.

docstring은 런타임 시 built-in된 '__doc__' attribute를 거쳐 접근되어 IDE^{Integrated Development Environment}(통합 개발 환경)와 같은 툴에 의해 사용자들에게

문서화된 설명을 제공한다. 여기서 통합 개발 환경은 Python 및 Visual Code, PyCharm 등의 개발을 위한 프로그램을 예시로 들 수 있다.

docstring의 형식이나 내용은 프로그래밍 언어에 따라 달라질 수 있지만, 일반적으로 docstring은 코드 요소에 대한 간단한 서술과 파라미터, 출력값에 대한 정보 그리고 연관된 정보를 담고 있다. docstring을 통해 코드는 더 읽기 쉬워지고, 유지보수도 쉬워지며, 프로그래밍 커뮤니티에서도 더 잘 사용될 수 있게 된다.

간단한 예시를 하나 들어보겠다. 다음과 같이 리스트 요소들의 평균값을 구하는 함수를 생각해 보자.

리스트의 평균을 출력하는 메소드

```
def mean(numbers):
    return sum(numbers) / len(numbers)
```

함수의 파라미터나 출력에 대한 추가적인 설명이나 어떤 함수인지에 대한 설명도 없다. 이와 같은 단순한 함수의 경우, 숙련된 개발자라면 슬쩍 보고도 어떤 역할을 하는 함수인지 파악할 수 있기 때문에 군이 문서화를 해야 하나 고민이 될 수도 있다. 이를 ChatGPT는 어떻게 문서화해 주는지 살펴보자. "Document following code: (코드)" 등과 같이 요청하면 ChatGPT가 코드 문서화를 진행한다.

ChatGPT의 docstring 형태의 코드 자동 문서화

```
def mean(numbers):
    """
    Calculates the mean of a list of numbers.


    Parameters
    ------------------
    numbers: list
        A list of numbers.


    Returns
    ------------------
    float
        The mean of the numbers.


    Example
    ------------------
    >>> mean([1, 2, 3, 4, 5])
    3.0
    """
    return sum(numbers) / len(numbers)
```

이와 같이 어떤 기능을 하는 함수인지, 입력 파라미터와 출력 변수 그리고 예시까지 문서화로 깔끔하게 정리되었다. 실제 작업자는 이 같은 간단한 함수의 문서화는 배보다 배꼽이 더 커서 작업하기 꺼려하는데, ChatGPT는 성실하게 해낸다. 그런데 과연 복잡한 함수도 해줄 수 있을까?

```
class DecisionTreeClassifier:
    def __init__(self, max_depth=None):
        self.max_depth = max_depth
        self.tree = None

    def fit(self, X, y):
        # fit the decision tree to the training data
        pass

    def predict(self, X):
        # make predictions using the fitted decision tree
        pass
```

문서화된 버전의 코드는 다음과 같다.

```
class DecisionTreeClassifier:
    """
    A decision tree classifier for binary classification.

    Parameters
    ------------------
    max_depth: int, optional (default=None)
        The maximum depth of the decision tree. If None, the tree
        will be grown until all leaves contain less than min_
        samples_split samples.
```

```
    Attributes
    ------------------
    tree_ : dict
        The fitted decision tree represented as a dictionary, where
        each node is a dictionary that contains a 'split_feature'
        key, a 'split_value' key, and 'left' and 'right' keys for
        the left and right children, respectively.

    Examples
    ------------------
    >>> from sklearn.datasets import load_iris
    >>> from sklearn.model_selection import train_test_split
    >>> X, y = load_iris(return_X_y=True)
    >>> X_train, X_test, y_train, y_test = train_test_split(X, y,
    test_size=0.2, random_state=42)
    >>> clf = DecisionTreeClassifier(max_depth=3)
    >>> clf.fit(X_train, y_train)
    >>> clf.predict(X_test)
    """
```

더욱 복잡한 결정 트리 클래스에 대해 기능과 입출력 형태 그리고 예제까지 깔끔하게 정리했다.

클래스 내 predict 메소드에 대한 문서화 결과

```
def predict(self, X):
    """
    Make predictions using the fitted decision tree.
```

```
        Parameters
        ------------------
        X: array-like, shape (n_samples, n_features)
            The input samples.

        Returns
        ------------------
        y: array-like, shape (n_samples,)
            The predicted classes.
        """
        # make predictions using the fitted decision tree
        pass
```

DecisionTreeClassifier 클래스 내에 predict 메소드에 대해 문서화된 결과를 살펴보면 메소드의 기능, 입출력 파라미터가 아주 깔끔하게 잘 정리되었다. fit 메소드도 확인해 보면 잘 정리되었으나, 예시 첨부는 생략했다.

이번에는 MNIST 손글씨 인식 모델의 문서화를 진행해 보겠다. 간단한 명령과 함께 코드를 붙여 넣었다.

 필자

아래 코드를 docstring을 사용해 문서화해 줘.

```
import torch
import torch.nn as nn
import torch.nn.functional as F
import torch.optim as optim
from torchvision import datasets, transforms
```

```
# Load the MNIST dataset
train_loader = torch.utils.data.DataLoader(
    datasets.MNIST(root='.', train=True, download=True,
                transform=transforms.Compose([
                    transforms.ToTensor(),
                    transforms.Normalize((0.1307,),
                    (0.3081,))
                ])),
    batch_size=64, shuffle=True)

test_loader = torch.utils.data.DataLoader(
    datasets.MNIST(root='.', train=False,
    transform=transforms.Compose([
                    transforms.ToTensor(),
                    transforms.Normalize((0.1307,),
                    (0.3081,))
                ])),
    batch_size=1000, shuffle=True)
```

ChatGPT

다음은 주어진 코드에 대한 docstring 예시입니다.

```
import torch
import torch.nn as nn
import torch.nn.functional as F
import torch.optim as optim
from torchvision import datasets, transforms

def load_mnist_data():
    """
    Loads the MNIST dataset and returns train_loader
```

```
and test_loader.

Returns:
train_loader: torch.utils.data.DataLoader object
for training set
test_loader: torch.utils.data.DataLoader object
for test set
"""

# Define transforms for the data
transform = transforms.Compose([
                transforms.ToTensor(),
                transforms.Normalize((0.1307,),
                (0.3081,))
            ])

# Load the training set
train_loader = torch.utils.data.DataLoader(
    datasets.MNIST(root='.', train=True,
    download=True, transform=transform),
    batch_size=64, shuffle=True)

# Load the test set
test_loader = torch.utils.data.DataLoader(
    datasets.MNIST(root='.', train=False,
    transform=transform),
    batch_size=1000, shuffle=True)

return train_loader, test_loader
```

이 코드는 MNIST 데이터셋을 로드하고 PyTorch DataLoader 객체로 반환하는 함수 load_mnist_data를 정의합니다. 반환된 DataLoader 객체는 모델의 학습 및 테스트에 사용됩니다. 이 함수는 PyTorch의 datasets.MNIST를 사용하여 데이터를 다운로드하고 transforms.Compose를 사용하여 이미지를 텐서로 변환하고 정규화합니다. train_loader와 test_loader는 torch.utils.data. DataLoader 객체입니다. train_loader는 학습 세트를 사용하어 모델을 학습하기 위해 사용되고, test_loader는 모델을 평가하기 위해 사용됩니다.

이제 결과를 보면 datasets.MNIST에 대해 잘 모르는 사람들도 학습을 위한 MNIST 데이터셋임을 파악할 수 있고, root, train, download, transform이 어떤 의미인지, 출력값은 어떤 구조인지 쉽게 파악할 수 있다.

이번에는 모델 정의 부분을 문서화해 보겠다. 역시 동일한 명령을 통해 문서화를 요청한다.

MnistModel에 대해 초기화 부분이 정의되고, forward에 기능과 입출력 구조에 대해 간략하게 설명이 들어갔다.

ChatGPT를 통해 문서화를 수행하면 단순한 함수나 클래스 등의 문서화에 소요되는 시간을 절약할 수 있을 뿐만 아니라 일관된 기준에 의해 문서화를 진행할 수 있다. 이렇게 되면 문서화를 진행한 사람의 역량에 따라 들쭉날쭉한 문서화 결과가 나타나기보다 전체적으로 통일성 있고 일관된 기준의 문서화 결과를 유지할 수 있다.

물론, 동작 방식이나 세부적인 메소드, 변수들은 ChatGPT가 사전 지식이 부족해 자세한 문서화를 진행할 수는 없을 것이다. 이런 부분들은 사용자가 집중해 문서화하고, 일반적인 기능들은 ChatGPT를 활용해 문서화하면 혼자 단순 기능들까지 문서화하는 것에 비해 훨씬 많은 시간을 절약할 수 있다. 결국 ChatGPT를 얼마나 잘 활용하는지에 따라 문서화에 소요되는 시간이 상당히 줄어들 것이다.

06 코드 리팩토링에 ChatGPT 활용하기

코드 리팩토링이란 코드의 기능 변화 없이 가독성, 디자인, 구조를 개선하는 과정을 의미한다. 코드 리팩토링을 통해 코드를 유지보수하기 더 쉽게 만들고 이해하기도 더 쉽고 버그에도 덜 취약하게 할 수 있다(불필요하게 복잡한 코드일수록 Human Error가 들어갈 가능성이 높다).

이런 코드 리팩토링 테크닉들 중에는 변수 및 함수명을 목적이 더 분명히 드러나게 고치는 것, 반복적인 코드를 재사용 가능한 함수로 바꾸는 것, 복잡한 코드를 단순한 코드로 바꾸는 것, 사용하지 않는 코드 및 변수를 제거하는 것, 전체적인 코드의 구조를 바꾸는 것이 있다.

소프트웨어 개발 시 코드 리팩토링은 매우 중요한데, 코드 규모가 커질수록 문제가 되는 유지보수와 확장성이 코드 리팩토링을 통해 쉬워질 수 있기 때문이다. 코드 개발을 진행할수록 코드가 불필요하게 복잡해지고 이해하기도 어려우며 수정도 굉장히 복잡해진다. 대부분의 개발자들은 한 곳을 수정하면 다른 곳에서 문제가 터지는 경우를 한 번쯤은 겪었을 것이다.

따라서 코드 리팩토링은 개발 과정의 일부로 생각하고 주기적이고 꾸준히 진행해야 한다. 코드가 비대해지면 하겠다고 있다 보면 나중에는 감당하기 힘들 정도로 코드가 복잡해져서 새로 짜야 하는 불상사가 생길 수도 있기 때문이다.

하지만 대부분 코드 리팩토링을 귀찮아 하는 것도 사실이다. 잘 동작한다고 생각되는 코드를 뜯어 고치면 그만큼 신규 코드를 개발할 시간이 줄어든다고 생각하기 때문이다. 이때 코드 리팩토링을 ChatGPT를 활용해 할 수 있다면 매우 유용할 것이다.

ChatGPT는 코드 가독성을 개선시키고 최적화할 수 있는 제안들을 제공해

줌으로써 코드 리팩토링에 도움을 줄 수 있다.

필자

다음 코드를 리팩토링해 줘.

```python
def max_value(numbers):
    max_val = None
    for num in numbers:
        if max_val is None or num > max_val:
            max_val = num
    return max_val
```

ChatGPT

다음은 주어진 코드의 리팩토링된 버전입니다.

```python
def max_value(numbers):
    if not numbers:  # 입력 리스트가 빈 경우 예외 처리
        return None
    return max(numbers)
```

주요 변경 사항
- 불필요한 변수를 제거하고, max() 함수를 사용하여 입력 리스트에서 최
  댓값을 찾도록 코드를 간소화했습니다.
- 입력 리스트가 비어 있는 경우에 대한 예외 처리를 추가하여, 함수가 빈
  리스트를 처리할 수 있도록 했습니다.

홍미로운 점은 ChatGPT가 built-in 함수인 'max'를 사용해 코드 리팩토링을
진행했다는 것이다. built-in 함수 'max'의 내부를 살펴보면 C 언어로 구현되었
는데, C 언어는 저수준 레벨의 언어로 컴퓨터에게는 이해하기 쉬우나, 인간에

게는 비교적 이해하기 까다로운 언어다(더 나쁜 언어라는 뜻이 아님에 유의하자). 컴퓨터가 이해하기 쉬운 만큼 성능면에서는 상당히 빠르고 가볍게 돌아간다. for문의 경우 Python Interpreter가 해석해 구동시키므로 C 코드로 구현된 built-in 'max' 함수보다 느리다.

결과적으로 코드도 짧고 간결하며 이해하기 쉬울 뿐만 아니라 성능면에서도 더 빨라진 것을 알 수 있다. 혹자는 '짧고 간단한 코드여서 리팩토링을 잘 수행한 것이 아닌가? 이미 수많은 학습 데이터셋에 "최댓값 구하는 함수"가 워낙 많이 리팩토링되었으니 가능한 사례고, 복잡한 코드의 리팩토링은 힘들지 않나?'라는 합리적인 의문을 제기할 수도 있다. 따라서 다음과 같이 좀 더 복잡한 코드에 대한 리팩토링을 실험해 보았다.

 필자

다음 코드를 리팩토링해 줘.

```python
def find_primes(limit):
    primes = []
    for num in range(2, limit+1):
        is_prime = True
        for i in range(2, num):
            if (num % i) == 0:
                is_prime = False
                break
        if is_prime:
            primes.append(num)
    return primes
```

다음은 더 가독성이 좋은 리팩토링된 코드입니다.

```python
def find_primes(limit):
    return [num for num in range(2, limit+1) if
    all(num % i != 0 for i in range(2, int(num**0.5)
    + 1))]
```

위의 코드는 소수를 찾는 코드로, 원리는 간단하게 자기 자신을 제외한 2 이상의 숫자로 나눠지면 소수가 아니고, 나눠지지 않으면 소수라는 것을 단순하게 코드로 구현한 것이다. 어디까지 소수를 구할지 limit으로 입력받아 limit보다 작은 수들에 대해 어떤 수이든 우선 '소수' 플래그를 달고, 2 이상의 모든 숫자들로 나눠 떨어지는지를 하나하나 loop를 돌려가며 확인한다. 코드도 상당히 길고, loop문을 남발하므로 매우 느릴 것으로 예상된다.

ChatGPT의 답변은 놀랍다. 'all' 함수와 list comprehension을 활용해 코드 리팩토링을 했다. 함수 내에서 코드는 단 한 줄이다. 속도면에서는 어떨까? 결과적으로 'all' 함수와 list comprehension 둘 다 반복문을 사용하는 것에 비해 빠르게 코드가 돌아간다. 우선 'all' 함수를 사용하면 하나라도 조건에 부합되지 않는 순간 반복문을 중단하고 'False'를 출력한다. C 언어로 구현되어 빠르다. list comprehension 역시 C 언어로 구현되어 빠르다. 뿐만 아니라 Python의 built-in된 메모리 관리 시스템을 사용하므로 생성된 리스트에 메모리를 더 효율적으로 할당한다. 매우 큰 수가 소수인지를 판단해야 한다면 이 역시 중요한 성능 향상 요인이다. 또한 list comprehension은 배열의 여러 요소를 병렬적으로 연산하도록 한다. 연산 병렬화는 시간을 줄이는 데 매우 중요한 테크닉이다. 즉, 속도와 메모리 그리고 가독성까지 높인 매우 훌륭한 리팩토링으로 평가할 수 있다.

개발자들이 활용할 수 있는 또 다른 예시로는 코드 디버깅이 있다. 만약 다음과 같이 코드를 작성했는데, 오류가 발생했다고 가정해 보자.

```
names = ['Miles','Mike','Leon','Nancy']
for i in range(5):
        print(names[i])


(위의 코드 실행 결과)
Miles
Mike
Leon
Nancy
------------------------------------------------------------------
IndexError              Traceback (most recent call last)
<ipython-input-3-b8669bb657c1> in <module>
     1 names = ['Miles','Mike','Leon','Nancy']
     2 for i in range(5):
----> 3   print(names[i])
IndexError: list index out of range
```

만약 이 경우를 디버깅하고 싶다면 다음과 같이 ChatGPT에 "다음 코드를 디버깅해 줘Debug the Following Code"라고 작성하고 코드를 붙여 넣으면 디버깅을 수행한다.

필자

다음 코드를 디버깅해 줘.

```
names = ['Miles','Mike','Leon','Nancy']
for i in range(5):
    print(names[i])
```

이 코드는 인덱스가 0에서 3까지인 names 리스트의 요소를 출력하는 것이 목적인 것으로 보입니다. 그러나 반복문의 범위가 0에서 4까지로 설정되어 있어서 마지막 루프에서는 IndexError가 발생할 것입니다.
따라서 다음과 같이 코드를 수정하면 됩니다.

```
names = ['Miles','Mike','Leon','Nancy']
for i in range(4):
    print(names[i])
```

또는 리스트의 길이를 사용하여 반복문 범위를 동적으로 지정할 수도 있습니다.

```
names = ['Miles','Mike','Leon','Nancy']
for i in range(len(names)):
    print(names[i])
```

하지만 파이썬에서는 for문에서 리스트의 요소에 직접 접근하는 방법도 제공되므로 다음과 같이 코드를 간단히 작성할 수 있습니다.

```
names = ['Miles','Mike','Leon','Nancy']
for name in names:
    print(name)
```

개발자의 또 다른 활용 예시는 가상 머신으로의 간단한 활용이다. 다음과 같이 명령 프롬프트를 작성하면 ChatGPT는 일종의 가상 머신이 된다(반드시 똑같을 필요는 없다. 문맥적 의미가 동일하면 ChatGPT가 의도를 파악해 가상 머신 역할을 수행한다).

명령 프롬프트

I want you to act as a linux terminal. I will type commands and you will reply with what the terminal should show. I want you to only reply with the terminal output inside one unique code block, and nothing else. do not write explanations. do not type commands unless I instruct you to do so. when i need to tell you something in nglishh, i will do so by putting text inside curly brackets {like this}.

위의 내용을 간략하게 요약하면 ChatGPT에게 리눅스 터미널인 척을 하라는 것이다. 이때 대답은 리눅스 터미널에 코드를 입력한 결과로 대신하라는 것이며, 설명은 붙이지 말라고 명령했다. 그리고 이후부터는 '{ }(중괄호)'와 함께 리눅스 명령어를 입력하면 그대로 실행이 된다. 윈도우를 사용하는 유저도 간단히 리눅스 명령어를 테스트할 수 있다.

 필자

I want you to act as a linux terminal. I will type commands and you will reply with what the terminal should show. I want you to only reply with the terminal output inside one unique code block, and nothing else. do not write explanations. do not type commands unless I instruct you to do so. when i need to tell you something in nglishh, i will do so by putting text inside curly brackets {like this}.

Sure, I can act as a Linux terminal. Just type your commands and I will respond with the appropriate terminal output inside a code block.

지금부터는 중괄호 내에 리눅스 터미널 명령어를 입력하면 리눅스 터미널과 동일하게 동작한다. 먼저, 폴더 및 파일들의 세부사항을조회하는 명령어를 입력해보자.

필자

```
{ls -all}
```

ChatGPT

```
total 16
drwxr-xr-x 1 user user 4096 Feb 24 00:00 .
drwxr-xr-x 1 user user 4096 Feb 24 00:00 ..
-rw-r--r-- 1 user user   18 Feb 24 00:00 file1.txt
-rw-r--r-- 1 user user   24 Feb 24 00:00 file2.txt
```

폴더 및 파일들의 권한까지도 리눅스에서서럼 표시

이번에는 Python을 열어 리스트에 이름들을 넣고, 이를 프린트해 주는 코드를 작성해 보자.

필자

```
{python3}
```

ChatGPT

```
Python 3.9.5 (default, May 11 2021, 08:20:37)
[GCC 9.4.0] on linux
Type "help", "copyright", "credits" or "license" for
more information.
>>>
```

터미널에서 phthon을 실행하는 모습

필자

```
{names = ['Miles','Mike','Leon','Nancy']
for name in names:
    print(name)}
```

ChatGPT

```
Miles
Mike
Leon
Nancy
```

파이썬 코드를 정상적으로 실행하는 모습

물론, Python 코드를 실행하는 것도 가능하다. 코드가 너무 간단해 돌아간다고 생각할 수도 있을 것 같아 MNIST 손글씨 인식 딥러닝 모델을 구현하고 학습 후 성능 평가까지 진행하는 스크립트를 중괄호 내에 넣어 실행시켜 보았다.

결과는 다음과 같이 테스트 데이터셋 기준으로 97.66%로 학습 및 추론까지 잘 이뤄졌다(확인했을 당시 GPU는 없었으므로 전문적인 딥러닝 모델 학습 용도로 활용하는 것은 추천하지 않는다).

필자

{ (MNIST 손글씨 데이터 학습 및 추론 코드를 넣음. 길어서 중략 } }

ChatGPT

```
Train dataset size: 60000
Test dataset size: 10000
Image shape: (28, 28)
num_classes: [0 1 2 3 4 5 6 7 8 9]
Epoch 1/5
1875/1875 [==============================] - 3s 1ms/
step - loss: 0.5173 - accuracy: 0.8618
Epoch 2/5
1875/1875 [==============================] - 2s 1ms/
step - loss: 0.2697 - accuracy: 0.9240
Epoch 3/5
1875/1875 [==============================] - 2s 1ms/
step - loss: 0.2206 - accuracy: 0.9361
Epoch 4/5
1875/1875 [==============================] - 2s 1ms/
step - loss: 0.1905 - accuracy: 0.9444
Epoch 5/5
1875/1875 [==============================] - 2s 1ms/
step - loss: 0.1683 - accuracy: 0.9500
313/313 - 0s - loss: 0.1753 - accuracy: 0.9478
```

MNIST 손글씨 학습 및 추론까지 ChatGPT에서 정상 진행된 모습

만약 OS 의존성이 있는 코드의 동작 확인을 위해서라면 간단하게 ChatGPT를 가상 머신으로 활용할 수도 있다(심지어 모바일로 ChatGPT를 이용해 리눅스에서 동작하는 다양한 학습 코드를 돌려볼 수도 있다).

ChatGPT를 활용해 데이터 전처리하기

안타깝게도 ChatGPT에 csv, JSON, HDF5, ARFF, Parquet 등 딥러닝 모델 학습에 사용될 데이터 저장 타입들의 파일들은 직접 입력으로 넣을 수 없다. 이는 ChatGPT가 텍스트 기반의 언어 모델이기 때문이다. 그러나 그렇다고 해 데이터 전처리에 ChatGPT를 활용하지 못하는 것은 아니다. 데이터 전처리 중 대표적인 작업으로 '이상치 처리'를 예시로 들어보겠다(테스트 결과 대부분의 데이터 전처리에 ChatGPT 활용이 가능했다).

 필자

데이터 과학에서 이상치를 제거할 수 있는 방법들에 대해 모두 알려줘.

ChatGPT

1. Z-score method: Z-score 방법은 데이터 포인트와 평균 간의 거리를 표준 편차로 나눈 값을 사용하여 이상치를 식별하는 방법입니다. 일반적으로 Z-score가 3보다 큰 경우 이상치로 간주합니다.
2. IQR Method: IQR 방법은 중간값에서 1사분위수와 3사분위수 간의 범위를 사용하여 이상치를 식별하는 방법입니다. 이상치는 일반적으로 1.5*IQR보다 큰 경우로 간주합니다.
3. Tukey's Method: Tukey's Method는 IQR 방법과 유사하지만, 이상치를 식별하는 경계값을 계산하는 방식이 다릅니다. 이상치 경계값은

Q1-1.5IQR보다 작거나 Q3+1.5IQR보다 큰 경우로 설정됩니다.

4. MAD: Median Absolute Deviation(MAD) 방법은 중앙값과 절대편차 (absolute deviation)를 사용하여 이상치를 식별하는 방법입니다. 이상치는 일반적으로 median +- 3*MAD 범위를 벗어나는 경우로 간주합니다.

5. LOF: Local Outlier Factor(LOF)는 데이터 포인트가 주변 데이터 포인트와 얼마나 멀리 떨어져 있는지를 측정하여 이상치를 식별하는 방법입니다. LOF 값이 1보다 큰 경우 이상치로 간주합니다.

6. DBSCAN: Density-Based Spatial Clustering of Applications with Noise(DBSCAN)는 데이터 포인트의 밀도를 기반으로 클러스터링을 수행하고, 클러스터에 속하지 않는 데이터 포인트를 이상치로 식별하는 방법입니다.

7. One-class svm method: One-class SVM은 데이터의 분포를 학습하고, 데이터 분포의 경계 영역을 벗어나는 데이터를 이상치로 식별하는 방법입니다.

8. Isolation Forest Method: Isolation Forest는 데이터 포인트를 분리하는 결정 트리를 생성하여 이상치를 식별하는 방법입니다. 이상치일수록 분리되는 높이가 낮아지는 것을 이용합니다.

9. Manhalanobis distance method: Mahalanobis distance는 데이터 포인트가 분포한 형태를 고려하여 거리를 계산하고, 이상치를 식별하는 방법입니다. 일반적으로 Mahalanobis distance가 특정 값 이상인 경우 이상치로 간주합니다.

10. statistical tests: 통계적 검정 방법은 데이터의 분포를 분석하여 이상치를 식별하는 방법입니다. 대표적으로 Grubbs' Test, Chauvenet's Criterion, Dixon's Q-test 등이 있습니다.

'이상치 처리'에 ChatGPT를 활용해 보자. 먼저 ChatGPT에 "이상치 처리 방법들을 알려줘"라고 명령했다.

일반적으로 4번까지의 통계량을 활용한 이상치 처리에 대해 다루는 강의 나 책들은 상당히 많다. 그러나 5~10번까지는 일부 머신러닝 기반의 모델들을 활용하는 고급 기법들로 다루고 있다. 우선 가장 기본적인 IQR 방법에 대해 "1.

예시 샘플들을 생성하고, 2. 이상치 처리를 수행한 후, 3. 이상치 처리 전과 후의 결과를 비교해 그려라"라고 명령했다.

필자

IQR 방법을 사용한 이상치 처리 예시 코드를 보여줘. 1. 예시 샘플들을 생성하고, 2. 이상치 처리를 수행한 후, 3. 이상치 처리 전과 후의 결과를 비교해 그려줘.

ChatGPT

네, IQR 방법을 사용하여 이상치 처리하는 예시 코드입니다.

1. 예시 샘플 생성

```
import numpy as np
import matplotlib.pyplot as plt

np.random.seed(42)

# 정규 분포에서 100개의 데이터 생성
X = np.random.normal(loc=0.0, scale=1.0, size=100)

# 이상치 10개 생성
outliers = np.random.normal(loc=10.0, scale=2.0,
size=10)

# 이상치가 포함된 데이터 생성
X = np.concatenate((X, outliers))
```

2. 이상치 처리 수행

```
# IQR method를 사용하여 이상치 처리 수행
Q1 = np.percentile(X, 25)
```

```
Q3 = np.percentile(X, 75)
IQR = Q3 - Q1
lower_bound = Q1 - 1.5 * IQR
upper_bound = Q3 + 1.5 * IQR
filtered_X = X[(X > lower_bound) & (X < upper_bound)]
```

3. 이상치 처리 전과 후의 결과 비교

```
# 이상치 처리 전
plt.subplot(1, 2, 1)
plt.hist(X)
plt.title("Before Outlier Handling")

# 이상치 처리 후
plt.subplot(1, 2, 2)
plt.hist(filtered_X)
plt.title("After Outlier Handling")


plt.show()
```

위 코드는 정규 분포에서 100개의 데이터를 생성하고, 이상치 10개를 추가
하여 데이터를 생성합니다. 그 다음 IQR 방법을 사용하여 이상치 처리를 수
행합니다. 마지막으로 이상치 처리 전과 후의 결과를 비교하기 위해 히스토
그램을 그립니다.

그래프를 보면 이상치 처리 전에는 데이터가 왼쪽으로 치우쳐 있으며, 이상
치가 데이터의 분포를 크게 바꾸고 있습니다. 하지만 이상치 처리 후에는
데이터의 분포가 더 정규 분포에 가까워졌으며, 이상치의 영향이 줄어들었
음을 확인할 수 있습니다.

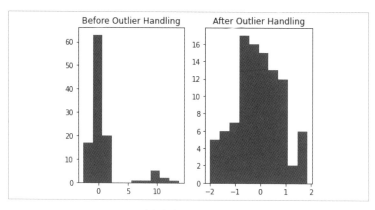

IQR 기반의 이상치 처리 전후 비교

샘플들을 생성하고, IQR을 활용해 이상치를 처리하였다. 이 때 이상치 처리 전과 후를 그림으로 쉽게 구분할 수 있게 잘 표시했다. 의도했던 바와 같이 ChatGPT가 데이터 생성부터 이상치 처리까지 잘 해낸 것을 볼 수 있다. 이번에는 비지도 학습 모델 중 하나인 'Isolation Forest' 모델을 활용해 이상치를 필터링하도록 명령했다.

필자

이번에는 Isolation Forest 방법을 사용한 예시로 보여줘.

ChatGPT

네, Isolation Forest 방법을 사용하여 이상치 처리하는 예시 코드입니다.

1. 예시 샘플 생성

```
import numpy as np
import matplotlib.pyplot as plt
```

```python
np.random.seed(42)

# 정규 분포에서 100개의 데이터 생성
X = np.random.normal(loc=0.0, scale=1.0, size=100)

# 이상치 10개 생성
outliers = np.random.normal(loc=10.0, scale=2.0,
size=10)

# 이상치가 포함된 데이터 생성
X = np.concatenate((X, outliers))
```

2. 이상치 처리 수행

```python
# Isolation Forest를 사용하여 이상치 처리 수행
from sklearn.ensemble import IsolationForest

model = IsolationForest(contamination=0.1, random_
state=42)
model.fit(X.reshape(-1, 1))
filtered_X = X[model.predict(X.reshape(-1, 1)) == 1]
```

3. 이상치 처리 전과 후의 결과 비교

```python
# 이상치 처리 전
plt.subplot(1, 2, 1)
plt.hist(X)
plt.title("Before Outlier Handling")

# 이상치 처리 후
plt.subplot(1, 2, 2)
plt.hist(filtered_X)
```

```
plt.title("After Outlier Handling")

plt.show()
```

해당 코드는 정규 분포에서 100개의 데이터를 생성하고, 이상치 10개를 추가하여 데이터를 생성합니다. 그 다음 Isolation Forest 방법을 사용하여 이상치 처리를 수행합니다. 마지막으로 이상치 처리 전과 후의 결과를 비교하기 위해 히스토그램을 그립니다.

그래프를 보면 이상치 처리 전에는 데이터가 왼쪽으로 치우쳐 있으며, 이상치가 데이터의 분포를 크게 바꾸고 있습니다. 하지만 이상치 처리 후에는 데이터의 분포가 더 정규 분포에 가까워졌으며, 이상치의 영향이 줄어들었음을 확인할 수 있습니다.

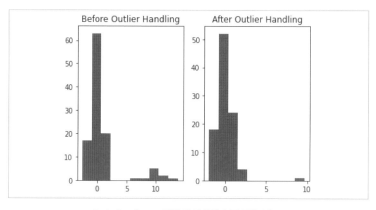

Isolation Forest 기반의 이상치 처리 전후 비교

앞에서 이미 IQR 방법으로 이상치 처리를 했었기 때문에, 이 대화를 참고하여 동일한 형태로 모델만 Isolation Forest를 사용하여 이상치 처리를 하였다. 역시 이상치 처리 전과 후의 데이터 분포를 비교해서 잘 보여줬다. 데이터 전처리에서도 ChatGPT를 활용할 수 있다는 것을 보여주는 사례다.

그렇다면 개발에 ChatGPT를 사용할 수 있는지에 대해 묻는다면 어떨까? 필자의 경험상 ChatGPT를 개발에 충분히 활용할 수 있으며, 개발 효율을 상당히 올려 준다고 말할 수 있다. 단, 생성된 코드가 잘 동작할 수 있는 코드인지를 볼 수 있는 안목이 있다면 말이다. 여기에는 추후 ChatGPT와 같은 거대 언어 모델들이 등장함에 따라 개발자가 모두 쉽게 대체되지 않을 것이라는 개인적인 의견을 포함한다.

하지만 작은 블록에 해당하는 코드들은 앞으로 필자가 한 방식과 같이 거대 언어 모델들이 담당할 것으로 생각된다. 아직 초기 거대 언어 모델인 ChatGPT의 수준을 고려하면 현재의 코드 작성 능력은 대단하다. 비록 실수가 존재하고 Redundant하며 때로는 불친절한 코드기도 하지만, 표준적인 코드로써 약간의 수정만 가하면(직접 수정하지 않아도 자연어 명령으로도 잘 수정되었다!) 잘 동작하는 코드가 될 수 있다.

08 데이터 특성을 알려주고, 적합한 딥러닝/기계 학습 모델 선정하기

이제는 개발자에게 딥러닝 모델 사용은 선택이 아닌 필수다. 자신의 업무가 딥러닝과 무관하다고 생각하는 개발자들도 있겠지만, 이미 세상은 자동화의 물결, 인공지능의 물결을 타고 항해하고 있다. 먼저 전문가 시스템(규칙 기반 시스템)과 딥러닝 모델들의 차이를 간단히 설명하고, 어떻게 적합한 모델을 선정하는지를 살펴보자.

전문가 시스템은 미리 정의된 규칙들에 의해 문제를 풀거나 판단을 수행한다. 이런 시스템들은 몇몇 시나리오들에서는 효과적일 수 있으나, 새롭게 등장하는 복잡한 시나리오들에서는 한계가 존재한다. 그러나 딥러닝 모델들은 데이터에서 패턴과 관계성을 학습하고, 이 지식을 기반으로 예측과 판단을 수행할 수 있다. 또한 딥러닝 모델들은 끊임없이 미세 튜닝Fine-tuning 과정을 거쳐서 성능을 개선시킬 수 있다. 그 결과 딥러닝 모델들은 더 정교하고 동적인 의사 결정 능력을 요구하는 수많은 응용 분야에서 인기를 끌고 있다.

전문가 시스템을 딥러닝 모델들로 대체한 사례는 다양하다. 음성 인식, 신용카드 부정 사용 판단, 영상 인식 분야(이미 일부 태스크에서는 인간의 능력을 넘어선 경우도 많다), 추천 시스템(예: 넷플릭스, 유튜브 등) 그리고 챗봇 등 다양한 분야가 있다. 지금까지 딥러닝 모델이 대체할 수 없을 것이라 생각했던 창작의 영역에서조차 생성 모델들이 많이 사용되고 있다. 지금 자신이 하는 업무가 평생 대체되지 않을 것이라고 확신하는 것은 어쩌면 인간의 오만일지도 모른다. 항상 겸손하고, 배움의 자세로 세상을 대하는 자세가 필요하다.

만약 자신의 업무가 데이터 분석 없이 단순한 기능 요구 사항에 맞춰 정해진 소프트웨어를 만드는 일이라면 이미 ChatGPT, Copilot 등 생성 모델이 순식간에 코드를 작성할 것이다. 또는 만약 도메인 지식(자신의 분야에 대한 전문 지식)을 활용해 데이터를 분석해 규칙 기반의 프로그램을 작성했다면 이는 딥러닝 및 기계 학습 기법을 적용하기 아주 좋다. 이때에는 전문가 시스템과 딥러닝 모델들을 하이브리드 형식으로 함께 활용해 시너지 효과를 발휘하게 할 수도 있다. 예를 들어, 규칙 기반으로 데이터를 전처리해 유용한 컨텍스트를 뽑아내고, 딥러닝 모델은 이를 활용해 데이터 기반으로 더욱 복잡한 결정을 내릴 수도 있다.

그런데 만약 딥러닝을 전공하지 않은 개발자의 경우에는 '어떤 딥러닝 모델을 사용할지?, 어떻게 사용할지?'를 알 수 있을까? 그 정답 역시 ChatGPT에 있다. 자신이 전력 회사에 근무하고 있다고 상상해 보자. 그리고 다음과 같은 데이터를 갖고 있다고 가정해 보자.

Date	Time	Temperature (°C)	Humidity (%)	Wind Speed (mph)	Energy Demand (MW)
1/1	0	10	70	5	1000
1/1	1	9	72	6	900
1/1	2	11	68	4	1100
...	...	...	...	...	...
1/2	0	12	75	7	1200
1/2	1	14	73	6	1300
...	...	...	...	...	...

에너지 수요 데이터셋의 일부

이 데이터셋은 매시간 특정 지역의 온도, 습도, 바람 세기에 따른 시간당 전력 소비량을 나타내고 있다. 이 데이터셋의 특징을 기반으로 사용할 수 있는 딥러닝 모델들의 종류를 ChatGPT에 물어보았다.

 필자

이 데이터셋의 특성들에 적합한 다양한 딥러닝 모델들을 자세히 설명해 줘.

ChatGPT

입력 특성이 시간, 온도, 습도, 바람 세기인 데이터셋은 다양한 딥러닝 모델을 사용하여 예측할 수 있습니다. 이러한 특성을 갖는 데이터셋은 시계열 데이터로 간주되기 때문에, 일반적인 지도학습 모델로는 예측이 어려울 수 있습니다. 따라서, 이러한 데이터셋에서는 다음과 같은 모델들을 사용하여 예측할 수 있습니다.

1. RNN(Recurrent Neural Network): RNN은 시계열 데이터를 다루는 데 특화된 딥러닝 모델 중 하나입니다. RNN은 이전 타임스텝의 출력을 현재 타임스텝의 입력으로 사용함으로써 이전 정보를 현재 예측에 반영할 수 있습니다. 따라서 RNN은 시계열 데이터에서 잘 작동하며, 이 데이터셋에서도 예측력이 좋을 것으로 기대됩니다.

2. LSTM(Long Short-Term Memory): LSTM은 RNN의 단점을 보완하기 위해 제안된 모델 중 하나입니다. RNN은 이전 타임스텝의 정보를 현재 타임스텝으로 전달하기 위해 중간 상태를 계속 유지하지만, 이러한 중간 상태가 시간이 지남에 따라 점차 소실되는 문제가 있습니다. LSTM은 이러한 문제를 해결하기 위해, 이전 타임스텝의 정보를 현재 타임스텝으로 전달할 때 필요한 정보를 선택적으로 전달하도록 설계되었습니다. 이 데이터셋에서도 RNN보다 LSTM이 더 나은 성능을 보일 수 있습니다.

3. GRU(Gated Recurrent Unit): GRU는 LSTM과 마찬가지로 RNN의 단점을 보완하기 위해 제안된 모델 중 하나입니다. LSTM보다 더 간단한 구조를 갖고 있지만, LSTM과 유사한 성능을 보입니다. 따라서, 이 데이터셋에서도 LSTM과 함께 GRU를 사용하여 예측 모델을 구성할 수 있습니다.

4. CNN(Convolutional Neural Network): CNN은 이미지 처리에서 주로 사용되는 딥러닝 모델입니다. 그러나 CNN은 필터를 사용하여 특정 패턴을 추출하므로, 시계열 데이터에서도 유용하게 사용될 수 있습니다. 예를 들어, 이 데이터셋에서는 온도, 습도, 바람 세기와 같은 입력 특성들이 시간에 따라 변화하지 않는다는 점을 활용하여, CNN을 사용하여 패턴을 추출하고 예측 모델을 구성할 수 있습니다. 이 경우에는 1D CNN이 사용될 것입니다. 1D CNN은 1차원 시계열 데이터에서 작동하는 CNN으로, 다양한 필터 크기를 사용하여 데이터의 패턴을 추출합니다. 이 데이터셋에서는 온도, 습도, 바람 세기와 같은 입력 특성이 1D 시계열 데이터로 취급될 수 있으므로, 1D CNN을 사용하여 예측 모델을 구성할 수 있습니다.

5. Transformer Transformer: 주로 자연어 처리에서 사용되는 딥러닝 모델입니다. 그러나 최근에는 시계열 데이터에서도 사용될 수 있는 것으로 밝혀졌습니다. Transformer는 RNN과 달리, 모든 입력 데이터를 한 번에 처리합니다. 이를 위해, self-attention 메커니즘이 사용됩니다. 이 메커니즘은 입력 시퀀스의 모든 위치를 동시에 고려하여 출력을 계산하는 데 사용됩니다. 따라서 Transformer는 RNN과 달리 시퀀스 길이에 영향을 받지 않기 때문에, 긴 시계열 데이터에서도 잘 작동합니다. 이러한 이유로 Transformer도 이 데이터셋에서 유용하게 사용될 수 있습니다.

위에서 소개한 다양한 딥러닝 모델 중, 이 데이터셋에서는 RNN, LSTM, GRU, 1D CNN, Transformer 모델이 가장 적합할 것입니다. 하지만, 모델의 선택은 데이터셋의 성격과 예측해야 하는 문제에 따라 달라질 수 있기 때문에, 여러 모델을 비교하여 가장 적합한 모델을 선택하는 것이 좋습니다.

가장 먼저 생각할 수 있는 딥러닝 모델로 간단한 순방향 신경망Feedforward Neural Network을 설명했고, 이후로 순환 신경망의 일종으로 매우 많이 사용되는 LSTMLong Short Term Memory을 소개했다. 또한 CNNConvolutional Neural Network의 응용 중 하나인, 1D CNN을 1차원 시계열 데이터에서 사용한다는 나름 딥러닝에서 디테일한 내용도 잘 소개해주었고, 최신 연구 동향 중 하나인, 시계열 데이터에 Transformer를 사용하는 방법도 잘 제안했다.

필자

LSTM 모델을 사용해 이 데이터셋에서 에너지 수요를 예측하는 코드를 보여줘.

ChatGPT

다음은 LSTM 모델을 사용하여 이 데이터셋에서 에너지 수요를 예측하는 코드의 예시입니다.
먼저, 필요한 라이브러리를 import합니다.

```
import numpy as np
import pandas as pd
import matplotlib.pyplot as plt
from sklearn.preprocessing import MinMaxScaler
from tensorflow.keras.models import Sequential
from tensorflow.keras.layers import Dense, LSTM
```

다음으로 데이터셋을 불러옵니다. 여기서는 간단한 예시를 위해 데이터셋을 생성합니다.

```
# 데이터셋 생성
data = pd.DataFrame({
    'temperature': [22.1, 21.8, 21.5, 21.3, 21.2,
    21.0, 20.8, 20.6, 20.5, 20.4],
    'humidity': [70.2, 68.5, 66.8, 65.2, 63.5, 61.9,
    60.2, 58.6, 57.0, 55.4],
    'wind_speed': [1.1, 1.3, 1.5, 1.7, 1.9, 2.1, 2.3,
    2.5, 2.7, 2.9],
    'energy_demand': [100, 98, 95, 92, 90, 87, 85,
    83, 82, 81]
})
```

다음으로 데이터셋을 전처리합니다. 이 데이터셋에서는 Min-Max 정규화를 사용하여 입력 특성과 출력 값을 0과 1 사이의 값으로 스케일링합니다.

```
# 입력 특성과 출력 값 분리
x = data.iloc[:, :-1].values
y = data.iloc[:, -1].values.reshape(-1, 1)


# Min-Max 정규화
scaler_x = MinMaxScaler()
scaler_y = MinMaxScaler()
x = scaler_x.fit_transform(x)
y = scaler_y.fit_transform(y)
```

다음으로 LSTM 모델을 구성합니다. 이 모델에서는 1개의 LSTM 레이어와 1개의 Dense 레이어를 사용합니다.

```
# LSTM 모델 구성
model = Sequential()
```

```
model.add(LSTM(50, activation='relu', input_shape=(4,
1)))
model.add(Dense(1))
model.compile(optimizer='adam', loss='mse')
```

마지막으로 LSTM 모델을 학습합니다.

```
# LSTM 모델 학습
x = x.reshape(x.shape[0], x.shape[1], 1)
model.fit(x, y, epochs=100, batch_size=1, verbose=1)
```

이렇게 학습된 LSTM 모델은 이 데이터셋에서 에너지 수요를 예측하는 데 사용될 수 있습니다. 예측 결과를 시각화하여 모델의 예측력을 확인할 수도 있습니다.

위의 내용은 LSTM 모델을 ChatGPT가 코드로 생성한 결과의 일부다(코드가 길어 생략했다). 지면 관계상 이 책에는 싣지 못했으나, 같은 방식으로 데이터를 로드하고 전처리, Data Loader로 생성 후 학습 및 검증 그리고 결과 플롯까지 모두 정상적으로 동작한다.

물론, 최근에는 NAS^{Neural Architecture Search}라고 해 주어진 Task에 가장 적합한 딥러닝 모델 아키텍처를 자동으로 디자인하는 연구도 활발하다. Keras에서는 AutoKeras, Keras-NAS, PyTorch에서는 RLNAS^{Reinforcement Learning NAS}, ENAS^{Efficient Neural Architecture Search}를 사용할 수도 있다. 기업 서비스 또한 사용할 수 있는데, 구글의 AutoML, 아마존의 SageMaker 역시 매우 인기가 있다.

그러나 NAS는 연산이 굉장히 무거운 경향이 있다. 당장 모델에 대한 감각이 부족할 경우 적용 가능성을 체크하기 위해 모델을 빠르게 만들어 보는 용도일 가능성이 높은데, 유료 서비스를 이용하거나 오랜 시간을 할애해서까지 최적 아키텍처를 찾기 위해 처음부터 NAS를 사용할 가능성이 높아 보이지는 않는다. 오히려 ChatGPT에게 적합한 모델을 몇 개 받아 샘플 코드로 데이터를 돌려보는 것이 더 간편하고 빠를 것이다. 그런 의미에서 이번 모델 선정 내용은 딥러닝 모델을 이제 막 도입해 보는 경우에는 상당히 유용한 정보일 것이다. 덧붙이면 ChatGPT는 왜 그 모델을 선택했는지 질문하면 그 이유도 자세히 설명해 준다. 현업에서 배워야 하는 지식을 이제는 누구나 쉽게 ChatGPT라는 인내심 강한 과외 선생님을 통해 배울 수 있는 것이다.

앞으로 데이터에 따른 효과적인 모델 정보는 더욱 쌓일 것이다. 당장 Kaggle 사이트(https://www.kaggle.com/)에만 가도 수많은 데이터셋들과 효과적인 모델 및 성능 결과 데이터가 쌓여 있다. Browse SOTA 사이트(https://paperswithcode.com/sota)에서는 다양한 문제들에 대해 최고 성능을 달성한 논문들, 데이터셋들 등을 보여준다. 추후 거대 언어 모델이 이런 데이터를 계속 학습한다면 앞으로는 더 효과적으로 데이터셋에 적합한 모델을 추천해 줄 수도 있을 것이다.

09 Unsplash API를 활용해 ChatGPT에서 사진 띄우기

Unsplash API를 활용하면 다음의 마크다운 언어를 사용해 사진을 ChatGPT 웹사이트상에 디스플레이할 수 있다.

[INFO: you can add images to the reply by Markdown, Write the image in

Markdown without backticks and without using a code block. Use the Unsplash API (https://source.unsplash.com/1600x900/?<PUT YOUR QUERY HERE>). the query is just some tags that describes the image] ## DO NOT RESPOND TO INFO BLOCK ##nnmy Next prompt is [INSERT] 키워드

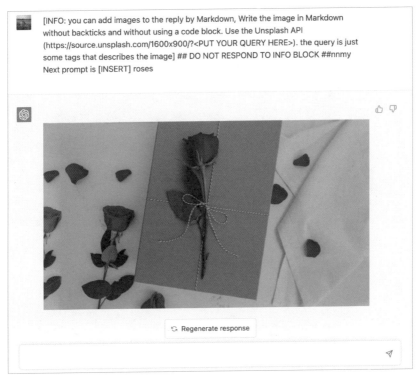

Unsplash API를 활용한 ChatGPT에서 사진 디스플레이 방법

앞의 키워드에 원하는 사진 키워드를 넣으면 해당 키워드의 사진이 디스플레이된다. 원리는 ChatGPT에게 'https://source.unsplash.com/1600x900/?' 를 입력하도록 시키고, 여기에 키워드를 추가로 입력하도록 명령한 것이다. 지

금 바로 크롬, 엣지, 익스플로러 등의 웹 브라우저 주소창에 'https://source.unsplash.com/1600x900/?roses'를 입력하면 장미 사진이 나오는 것을 확인해 볼 수 있다.

'https://source.unsplash.com/1600x900/?roses'를 웹 브라우저에 입력한 결과

⑩ DALL-E와 ChatGPT가 만나면? 세상에 없는 정교한 사진을 뽑아보자!

개발을 하다 보면 개발 문서 작성부터 앱 아이콘에 등록할 그림을 뽑는 등 의외로 그림을 그릴 일이 많다. 이때 생성 모델을 활용해 원하는 그림을 생성해 보는 것은 어떨까? DALL-E는 ChatGPT를 개발한 OpenAI에서 개발한 사진 생성 인공지능 모델이다. 다음의 그림들은 모두 생성 모델에 의해 그려진, 기존에는

사진 생성 모델을 사용해 세상에 없는 사진을 생성해 주는 DALL-E(https://labs.openai.com/)

없던 사진들의 예시다. 만약 "날아다니는 치즈 케이크 섬"을 그려 달라고 한다면 다음과 같이 상상의 그림을 그려준다.

그런데 뭔가 어색하다. 날아다니는 것이 정확히 무엇인지 알 수 없는 그림으로, 치즈 케이크 섬 위에 엉성하게 얹혀 있다. 이를 좀 더 디테일하고 자연스럽게 그릴 수 있는 창의적인 방법이 있다. 바로 ChatGPT를 활용하는 것이다.

DALL-E에 날아다니는 치즈 케이크 섬 그림 요청 결과

먼저 ChatGPT에게 "날아다니는 치즈 케이크 섬을 묘사해 줘. 이건 그림을 그리기 위해 필요한 거야"라고 요청한다.

필자

> 그림 그릴 때 필요한데, '날아다니는 치즈 케이크 섬' 사진을 자세하게 묘사해 줘.

ChatGPT

묘사해 보겠습니다!

'날아다니는 치즈 케이크 섬'이라는 이름에서 알 수 있듯이 이 섬은 하늘 위를 떠다니는 치즈 케이크처럼 생겼습니다. 하늘 위를 떠다니므로 구름이나 비행기가 끼어들 수도 있을 것 같습니다.

이 섬은 크게 세 부분으로 나뉩니다. 가장 아랫부분은 큰 원형의 치즈 케이크로, 노란색과 갈색색조가 섞인 부드러운 느낌의 치즈 케이크입니다. 위쪽으로 올라갈수록 치즈 케이크의 층이 두꺼워지는 것처럼 섬의 중간 부분은 더 높은 원형의 치즈 케이크로 이뤄져 있습니다. 이 부분은 더 어두운 갈색조를 띠며 특별히 큰 구멍이 뚫려 있는데, 그 구멍에는 작은 나무나 석조같은 것들이 있을지도 모릅니다.

마지막으로 섬의 꼭대기는 작은 원형의 치즈 케이크로 이뤄져 있습니다. 이 부분은 가장 높고 더 밝은 노란 색조를 띠며 가장자리 부분은 잘려나간 것처럼 평평하게 생겼습니다.

이렇게 묘사하면 이해에 도움이 되었을까요? 만약 더 자세한 부분이 필요하다면 언제든지 말씀해 주세요!

그럼 ChatGPT가 시각적으로 상세한 한 장면을 묘사하게 되는데, 이를 복사해 DALL-E의 생성하고자 하는 사진의 상황으로 넣어주면 된다.

이와 같이 상세한 설명을 기반으로 "날아다니는 치즈 케이크 섬"을 그렸다. 매우 창의적이면서 디테일한 그림이 나타났다.

A beautifully crafted cheese cake island is floating in the clouds, surrounded by flocks of happy birds. The island is circular, with a lush green layer of grass o   **Generate**

ChatGPT의 상세한 묘사를 기반으로 DALL-E를 활용해 그린 그림

우리가 블로그나 유튜브 콘텐츠를 만들 때 대략적인 키워드들은 생각이 나지만, 구체적인 콘셉트가 정해지지 않은 경우 확률 모델에 기반한 ChatGPT의 대답을 활용해 구체적인 시각화의 한 예시(장면)를 구하는 것이다. 이를 사용해 DALL-E나 다른 생성 모델들을 활용해 그림을 그린다면 더욱 생생하고 창의적인 그림들을 출력할 수 있다.

또한 디테일하게 그림을 묘사하므로 출력 결과들의 분포가 중구난방이 아니라 일관성 있게 된다. 생성 모델들의 출력 결과가 매번 들쭉날쭉하고 통제 불가능한 것이 아니라 디테일한 묘사 내에서 일관적이고, 디테일들이 조금씩 다른 사진을 얻기에 유용하다. 사용자는 디테일을 조금씩 수정하면서 자신이 원하는 사진으로 결과를 수렴시켜 갈 수 있기 때문이다. 만약 전체적으로 결과가 마음에 들지 않는다면 ChatGPT에게 다시 랜덤한 디테일을 요청하면 된다.

앞으로 수많은 생성 모델들이 나올 것으로 예상되지만, 이런 ChatGPT의 디테일한 묘사 능력은 더욱 각광받을 것으로 기대된다. 이제는 음악, 노래도 인공지능이 생성(예: 구글의 MusicLM)하고 그림(예: DALL-E, Stable diffusion 등)과 소설(예: ChatGPT) 역시 생성 모델들로 창작될 것으로 예상된다. 이때 생성할 내용이 세밀하고 구체적일수록 원하는 결과에 가까워질 것이다. 물론, ChatGPT를 사용해 묘사 상황을 세밀하게 조정한다면 누구나 원하는 창작물을 얻을 수 있을 것으로 기대된다.

5
장

ChatGPT를 다른 기술과
도구에 접목시키는 방법

REST API 사용 방법과 라이브러리, plugin, add-on 등의 활용 방법을 알아보자.

01 REST API를 사용한 방법

OpenAI에서는 REST API를 통해 사용자가 프롬프트를 GPT-3 모델에 보내고, 생성된 응답을 받을 수 있도록 한다. 물론, API는 사용량에 비례해 유료로 제공되고 있으나, 보다 효과적인 서비스를 위해서는 API 사용이 크게 유용할 수 있다. API 사용을 위해서는 OpenAI에서 API key를 발급받아야 한다.

발급 사이트는 https://platform.openai.com/이다.

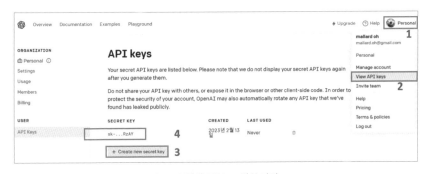

OpenAI에서 API key 발급 과정

위 화면의 우측 상단에 있는 본인 계정 아이콘을 클릭한 후 [View API keys] 버튼을 클릭하면 처음에는 API key 발급이 안 되었으므로 4번이 없을 것이다. 이때 [Create new secret key] 버튼을 클릭하면 API key가 발급되며, 4번이 생기게 된다. 발급받은 API key는 보안상의 문제로 다시 조회할 수 없으니 복사해 안전한 곳에 꼭 보관해 두도록 한다.

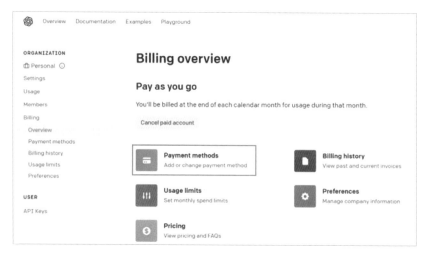

결제 수단을 등록해 줘야 API 이용이 가능

참고로 처음 API를 사용할 때 API Error 코드로 429 코드가 뜰 수도 있는데, 일반적으로는 분당 너무 많은 횟수를 요청했을 때 발생하지만 그렇지 않은 경우에 발생했다면 신용카드를 결제 수단에 등록하지 않아서 발생할 수도 있다(필자의 경우). 위의 화면에서 [Payment methods] 버튼을 클릭해 신용카드를 등록하자. 또한 화면의 왼쪽 탭의 'Usage limits'를 들어가면 일정 금액이 될 때 알림을 주도록 설정할 수도 있다.

REST API에서는 HTTP requests를 통해 프롬프트를 전송하고, HTTP response를 통해 응답을 수신하는 방식을 사용한다. OpenAI API 사용 시 많이 소개되는 방법이다. 간단하게는 curl을 사용하거나 다양한 프로그래밍 언어를 통해서도 REST API를 사용할 수 있다.

다음은 Python에서 requests 모듈을 불러와 REST API를 통해 프롬프트를 전송하고, 응답을 수신하는 예제다. 먼저 endpoint를 지정하는데, 가장 일반적으로 사용되는 'Completion Endpoint(https://api.openai.com/v1/completions)'는 텍스트 기반의 프롬프트에 대해 응답을 해주는 endpoint다. 아마 가장 많이 사용하게 될 것이다.

'Model Information Endpoint(https://api.openai.com/v1/models)'는 가용한 모델들에 대한 정보를 반환하는 endpoint로, 소개할 다양한 모델들이 있다.

'Model Configuration Endpoint(https://api.openai.com/v1/models/{model_id})'는 특정 모델의 설정 정보(예: 파라미터 수, 최대 시퀀스 길이 등)를 반환한다.

'Batch Completion Endpoint(https://api.openai.com/v1/engines/text-davinci-002/batch-jobs)'는 하나의 request에 여러 프롬프트들을 배치로 묶어 명령할 수 있게 해주는 endpoint다. 이 endpoint는 'api_endpoint'에 지정해 주는 용도로 사용된다. 지정된 endpoint에 따라 적절한 형태의 헤더와 데이터를 구성해 request를 통해 전송하게 된다.

그럼 우선 REST API를 통해 프롬프트를 전송하는 코드를 보자. curl 버전을 본 후 Python의 request를 살펴보겠다.

```
curl https://api.openai.com/v1/completions \
  -H "Content-Type: application/json" \
  -H "Authorization: Bearer $OPENAI_API_KEY" \
  -d '{
  "model": "text-davinci-003",
  "prompt": "Translate this into Korean: This book
  guides us to better future.",
```

```
    "temperature": 0.3,
    "max_tokens": 100,
    "top_p": 1.0,
    "frequency_penalty": 0.0,
    "presence_penalty": 0.0
}'
```

가장 간단히 curl로 전송하게 되는 버전

이 경우에는 따로 import할 것도 없이 mac이나 리눅스에서 바로 터미널을 열어 curl을 통해 ChatGPT에 요청하고 응답받을 수 있다. 앞의 코드에서 'OPENAI_API_KEY'에는 자신이 발급받은 API key를 입력해야 한다. 가장 처음에 나온 endpoint에는 앞서 설명한 Completion Endpoint를 사용했음을 알 수 있다. 다음은 Python에서 requests 모듈을 불러와 사용한 경우다.

```
import requests

# Define the API endpoint and API key
api_endpoint = "https://api.openai.com/v1/completions"
api_key = "(발급받은 API key를 입력한다)"

# Define the request data
request_data = {
    "model": "text-davinci-003",
    "prompt": "Translate this into Korean: This book
    guides us to better future",
    "temperature": 0.3,
    "max_tokens": 100,
```

```
    "top_p": 1.0,
    "frequency_penalty": 0.0,
    "presence_penalty": 0.0
}
```

endpoint 지정, API Key 입력 후 request data 지정

동일하게 API endpoint와 API key를 입력했고, 이어서 request data를 작성했다. 그런데 이번에는 'temperature', 'top_p' 등 여러 파라미터들이 있다. 어떤 의미인지 궁금할 수 있다. 이 경우에는 https://platform.openai.com/playground에 들어가 다음과 같이 모델과 파라미터들을 바꿔 보면서 결과가 어떻게 달라지는지 살펴본 후 가장 마음에 드는 파라미터를 사용하도록 한다.

모델과 파라미터를 바꿔 보면서 결과 살펴보기

앞으로도 모델은 계속 늘어나겠지만, 현재 유료화 초기 단계에서는 GPT-3(자연어를 이해하고 생성하는 모델들의 집합), Codex(자연어를 코드로 변환하는 것을 포함해 코드를 이해하고 생성하는 모델들의 집합), Content Filter(텍스트가 민감하거나 위험한 내용을 담고 있는지를 감지하는 모델, 최근에는 Moderation Endpoint로 변경됨)가 있다. 쉽게 말해 GPT-3는 방대한 텍스트, 책, 기사, 웹사이트 등을 통해 학습해 종합적인 자연어 처리를 수행할 수 있는 모델이다. Codex는 GitHub와 같은 공개 리포지토리 코드들로 학습된 프로그래밍 특화 제품군이다. 이 중 GPT-3에는 다음과 같은 모델들이 존재한다. (이후에도 다양한 모델, API들이 제공될 예정이므로, 자주 개발 문서, 페이지를 사이트에서 참고해야 한다.)

LATEST MODEL	DESCRIPTION	MAX REQUEST	TRAINING DATA
text-davinci-003	Most capable GPT-3 model. Can do any task the other models can do, often with higher quality, longer output and better instruction-following. Also supports inserting completions within text.	4,000 tokens	Up to Jun 2021
text-curie-001	Very capable, but faster and lower cost than Davinci.	2,048 tokens	Up to Oct 2019
text-babbage-001	Capable of straightforward tasks, very fast, and lower cost.	2,048 tokens	Up to Oct 2019
text-ada-001	Capable of very simple tasks, usually the fastest model in the GPT-3 series, and lowest cost.	2,048 tokens	Up to Oct 2019

GPT-3 모델들의 종류

모델들 중 text-davinci-003 모델이 가장 좋다. 학습 데이터도 비교적 최신이다. 하지만 가격이 다른 모델들에 비해 비싸다. 홈페이지에는 가격과 사용량 제한도 안내되어 있으니 들어가 보면 유용하다(https://platform.openai.com/docs/introduction/overview). 이제 코드의 나머지 부분을 살펴보자.

```
# Set the API key in the header
headers = {
  "Content-Type": "application/json",
  "Authorization": f"Bearer {발급 받은 API key}"
}

# Send a post request to the API endpoint
response = requests.post(api_endpoint,
headers=headers, json=request_data)

# Check the status code of the response
if response.status_code == 200:
  # Get the generated text from the response
  generated_text = response.json()["choices"][0]
  ["text"]
  print(generated_text)
else:
  # Print the error message
print(response.text)
```

헤더 부분 구현과 응답의 stutus 확인 부분

앞서 request data를 채웠으니 이제 headers만 채우면 된다. 헤더에는 API key가 함께 들어간다. 이후에는 requests 모듈의 post 메소드를 사용해 프롬프트를 전송하면 된다. response로 받은 응답은 status 코드를 체크한 후 200(정상)이면 json()으로 메시지 포맷을 변경하고 텍스트 형태로 변환하면 응답 텍스트가 변수에 들어간다. 이를 다양한 용도에 활용하면 된다. 위의 코드를 자신의 코드에 구현해 다양하게 활용할 수 있다. 특히 REST API는 모바일이나 웹상에서도 쉽게 사용할 수 있으므로 매우 유용하다.

❷ 라이브러리를 활용한 방법

이미 REST API만 해도 매우 유용하지만, 좀 더 세밀한 조정이 가능하고 유연한 프로그램을 만들 때는 라이브러리를 사용하는 것이 더 좋을 수 있다. Python, Node.js, C#/.NET, Crystal, Go, Java, Kotlin, PHP, R, Ruby, Scala, Swift, Unity, Unreal Engine 등의 라이브러리들이 제공되고 있으니 자신이 선호하는 언어에 맞게 라이브러리를 활용해 보기 좋다. 여기서는 많이 사용되는 언어인 Python 으로 라이브러리를 활용해 보겠다.

먼저 라이브러리를 사용하려면 라이브러리를 설치해야 한다. 이 역시 ChatGPT에 물어보면 친절하게 터미널 여는 것부터 설치 후 확인 방법까지 전부 알려준다(간단하게는 터미널에 pip install openai를 입력해 설치하면 된다).

라이브러리므로 따로 설치를 해야 한다는 점이 단점이라면 단점이다. 물론, API key를 발급받아야 하는 것은 동일하다. 그런데 왜 이렇게까지 하는지를 묻는다면 다음의 예시를 한 번 보자.

```python
import openai

# Define the API key
openai.api_key = "발급 받은 API key"

# Load the GPT-3 model
model = openai.GPT3LMHeadModel.from_pretrained("text-
davinci-002")
# Fine-tune the model on your own data
model.fine_tune(train_dataset)
```

```
# Use the fine-tuned model to generate text
response = model.generate(prompt="What is the capital
of France?")
generated_text = response["choices"][0]["text"]
print(generated_text)
```

헤더 부분 구현과 응답의 stutus 확인 부분

전이 학습(기존 학습된 모델을 추가로 학습시키는 학습 테크닉)이 가능하다. 즉, 이미 사전 학습된 'text-davinci-002' 모델에 자신의 데이터셋을 추가로 학습시켜 자신만의 모델로 만드는 것이다. 전이 학습을 통해 자신만의 챗봇을 만드는 것은 이 책의 범위를 넘어서기 때문에 여기서는 생략했으나, 이 부분에 관심이 있다면 'https://platform.openai.com/docs/guides/fine-tuning'에서 Fine-tuning 부분을 살펴보고, ChatGPT를 통해 자세한 방법을 참고하는 것을 추천한다.

그럼 라이브러리의 설명을 끝내기 전에 마지막으로 가장 자주 사용되는 예시를 하나 보자. Completion Endpoint를 사용했으며, text-davinci-003 모델에 다양한 파라미터들을 지정하고, 사용자의 입력을 받아서 라이브러리를 통해 명령 프롬프트를 전송하고 응답을 수신하는 구조다. 다음 코드에서 'MY_API_KEY' 부분은 자신이 발급받은 API key를 입력해야 동작한다.

```
import openai

def PromptToGPT(prompt, API_KEY=MY_API_KEY):
    # set api key
    openai.api_key = API_KEY

    # Call the chat GPT API
    response = openai.Completion.create(
        engine='text-davinci-003'  # 'text-curie-001'
        # 'text-babbage-001' #'text-ada-001'
        , prompt=prompt
        , temperature=0.5
        , max_tokens=1024
        , top_p=1
        , frequency_penalty=0
        , presence_penalty=0)
    return response['choices'][0]['text']


if __name__ == '__main__':
    prompt = input("Prompt: ")
    answer = PromptToGPT(prompt).strip()
    print(answer)
```

일반적으로 많이 사용되는 예시

이 외에도 다음과 같이 OpenAI 사이트의 Examples 페이지(https://platform.
openai.com/examples)에 들어가면 무궁무진한 활용 방법들이 안내되어 있다.

시시각각 계속 추가되고 있는 활용 방법들 예시

03 plugin, add-on 등을 사용한 방법

ChatGPT의 인기가 높아지면서 매일 새로운 플러그인이 계속 등장하고 있다. 더 좋은 플러그인들이 우후죽순 생겨나는 상황이라 여기서는 플러그인들을 하나하나 설치부터 사용 방법까지 설명하기보다는 어떤 종류의 ChatGPT 플러그인들이 있는지를 살펴봄으로써 필요한 플러그인을 찾아보고, 어떻게 활용할 수 있을지를 생각해 보자.

역시 ChatGPT하면 빼놓을 수 없는 주제가 수익형 블로그다. 이미 ChatGPT

를 활용해 수많은 블로그를 자동으로 작성하는 사람들도 생겨나고 있다. 전
세계 사람들이 많이 사용하는 WordPress에서는 아예 확장 프로그램 형태로
ChatGPT를 활용해 블로그 콘텐츠를 작성할 수 있도록 했다.

인공지능까지 블로그 경쟁에 가세

앞으로 블로그 시장은 어떻게 될까? 정보의 효용이 있다면 사람들은 누가
쓴 글인지에 상관없이 블로그를 읽을 것이다. 그런데 인공지능이 자동으로 쓴
글과 사람이 쓴 글에 효용의 차이가 없다면 누가 사람에게 블로그 콘텐츠 비용
을 지불하겠는가? ChatGPT가 쓴 글보다 분명히 어떤 효용이 더 있어야만 그 블
로그는 계속 성장할 수 있을 것이다. 앞으로 블로그 시장의 경쟁이 더 치열해질
것임을 보여준다.

뿐만 아니라 구글 스프레드시트에서는 다음과 같이 add-on 형태로
ChatGPT를 사용할 수 있도록 한다. 표 형태로 데이터를 구성해 각각의 데이터

를 ChatGPT로 생성 또는 수정할 수도 있다. 테이블에 작성할 내용이 블로그 내용이 될 수도 있고, 자신이 쓴 영어 표현을 ChatGPT가 첨삭한 내용일 수도 있다. 엑셀과 유사한 구글 스프레드시트에서 함수를 활용하면 기존의 생산성은 더욱 증가될 것이다. (심지어 Power Point, Excel 등 제품군에도 추후 AI 기능이 대거 탑재된다고 한다.)

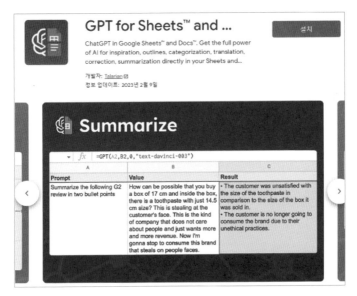

구글 스프레드시트에 제공되는 ChatGPT add-on

심지어 코드를 개발하는 PyCharm과 같은 통합 프로그램인 통합 개발 환경에도 ChatGPT 플러그인이 등장했다. 이미 Copilot을 사용해 코드 생산성이 올라간 전례가 있는 상황에 이런 플러그인들이 더 많이 등장하게 되면 이제는 주석만 작성하면 기본 코드 블록들은 인공지능이 작성하는 상황이 펼쳐질 수도 있을 것이다. 물론, 그 코드가 잘 돌아가는 코드일지를 보는 안목을 길러야 한다.

pycharm 통합개발환경에 등장한 ChatGPT 플러그인

6
장

ChatGPT의
구조 이해하기

지금까지 ChatGPT의 간단한 정의, 동작 원리, 발전 과정과 다양한 활용 방법
들에 대해 알아보았다. 지금부터는 ChatGPT의 세부적인 구조를 살펴봄으로써
ChatGPT를 더 구체적으로 이해해 보도록 하자.

01 개요

ChatGPT는 그 이름에서 알 수 있듯이 트랜스포머 신경망 아키텍처를 사용한다. 그중 디코더 부분이 입력 텍스트에 대해 출력 텍스트를 생성하므로 디코더를 사용해 ChatGPT를 구현했다. 따라서 트랜스포머 아키텍처 구조를 이해하면 ChatGPT의 구조를 이해하는 것 이상으로 언어 모델을 이해하게 된다. 트랜스포머를 자세히 이해하고 나면 그중 디코더 부분을 좀 더 키운 것이 ChatGPT라는 것을 알 수 있다.

따라서 여기서는 트랜스포머 아키텍처를 살펴봄으로써 트랜스포머에서 디코더 부분에 해당하는 ChatGPT의 구조를 이해할 수 있도록 한다. 참고로 언어의 구조를 파악하는 데 굉장히 용이한 모델 BERTBidirectional Encoder Representations from Transformers는 트랜스포머의 인코더 모듈 부분, 구글의 람다LaMDA, Language Models for Dialog Application 역시 트랜스포머 아키텍처를 사용했고 인코더와 디코더 모두 활용했다고 한다. 그러므로 트랜스포머 구조에 대해 잘 알게 된다면 우리는 앞으로 거대 언어 모델을 더욱 손쉽게 이해할 수 있을 것이다. 그럼 지금부터 트랜스포머 아키텍처에 대한 여정을 시작하겠다!

트랜스포머 아키텍처는 기본적으로 인코더-디코더 구조다.

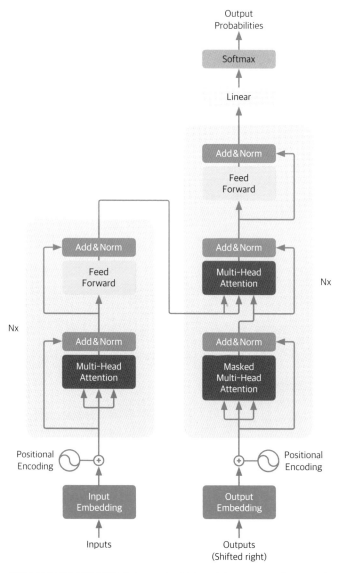

트랜스포머 모델 아키텍처(출처: Vaswani, Ashish, et al. "Attention is All You Need."
Advances in neural information processing systems 30 (2017). 논문 (Vaswani, et a1., 2017))

인코더 모듈은 토큰화된 텍스트를 입력으로 받고, 디코더 모듈은 출력 텍스트를 생성하는 부분이다. 인코더 모듈부터 자세히 보면 여러 개의 동일한 셀프 어텐션 층들로 구성되어 있다. 셀프 어텐션은 입력 텍스트의 긴 구간에 걸친 단어들 간의 상호 관계를 파악하도록 디자인된다. 디코더 역시 여러 개의 동일한 셀프 어텐션 층들로 구성되어 있는데, 이 역시 디코더로 들어오는 문장에서 단어들 간의 상호 관계를 파악하는 역할을 한다. 인코더와 디코더 모듈들은 크로스 어텐션 메커니즘을 통해 연결되어 있는데, 이를 통해 디코더가 출력 텍스트를 생성할 때 입력 텍스트에서 어떤 부분들에 주목해야 할지를 결정하게 한다. 주의할 점은 인코더와 디코더 옆에 Nx라고 적혀 있는데, "Attention is All You Need" 논문에서는 Nx=6을 사용해 6개의 인코더 각각이 순차적으로 연결되고, 디코더 역시 6개가 직렬로 연결된 구조다.

보기에도 상당히 복잡한 트랜스포머는 사실 하나씩 분리해 보면 간단하다. 먼저 크게는 인코더-디코더의 구조를 하고 있다. 이는 좌측에서는 입력 시퀀스가 들어가고, 우측에서는 출력 시퀀스가 나오는 것을 보면 쉽게 알 수 있다. 입력 시퀀스는 Input Embedding, 출력 시퀀스는 Output Embedding으로 들어가는데, 여기서 Embedding은 입력 시퀀스를 벡터로 바꿔주는 역할을 한다(더 자세하게 말하면 입력 텍스트가 작은 단위의 토큰들로 쪼개져 숫자들로 변환되고, 토큰들이 다시 숫자들의 집합인 벡터로 변환된다).

포지셔널 인코딩은 추후 자세히 다루겠지만, 간단하게 말하면 문장에 순서를 매기는 것이다. 앞서 우리는 트랜스포머의 장점으로 문장 구성 요소들을 순차적으로 받아들이는 것이 아니라 동시에 병렬적으로 연산한다고 배웠다. 즉, '나는, 학교에, 간다'를 순차적으로 모델에 넣어주는 것이 아니라 3개의 인코더에 '나는', '학교에', '간다'라는 3개의 어절들을 동시에 넣어주게 된다. 그렇다면 문장에서 각 어절의 순서가 중요한다. 이를 위해 인코더 입력으로 '나는(1)', '학교에(2)', '간다(3)'와 같이 순서를 알려줄 수 있다면 좋을 것이다. 실제로는 사인과 코사인 주기 함수를 사용해 인코딩하는 방법 등을 사용하는데, 우선은 큰 그림만 이해하고 자세한 내용은 추후 다루겠다.

그다음으로는 멀티 헤드 어텐션이라는 블록이 보인다. 앞에서 어텐션 메커니즘이란 시퀀스에서 집중해야 할 부분을 찾아주는 기능을 한다고 배웠다. 인코더 쪽에서는 입력 시퀀스에서 집중할 부분을 하이라이트해 주고, 디코딩 하단의 멀티 헤드 어텐션에서는 출력 시퀀스에서 집중해야 할 부분을 하이라이트해 준다. 둘 다 입력 또는 출력 시퀀스에 대해 집중할 부분을 스스로 주목하므로 셀프 어텐션이라고도 부른다.

디코딩 블록에서 상단에 위치한 멀티 헤드 어텐션은 조금 다르게 인코더의 출력과 연결되어 있다. 즉, 출력 시퀀스와 입력 시퀀스를 함께 고려해 집중할 부분을 찾는 것으로 해석할 수 있다. 다른 종류에 대해 어텐션 기법을 사용하므로 크로스 어텐션이라고도 부른다.

Feed Forward 블록은 완전 연결층이고, Add & Norm은 잔차 연결과 층 정규화다. 잔차 연결의 경우 앞서 컨볼루션 신경망 중 하나로 소개된 ResNet에서 사용한 연결 방법이다. 주로 층이 깊어질 때 그레이디언트가 점점 작아져 버리는 문제를 해결할 때 지름길을 놓듯이 Shortcut Connection을 만드는 방법이다. 이렇게 되면 학습 중 성능이 더 나빠지기 전에 자연스럽게 불필요한 층들에서는 그레이디언트가 잔차 연결을 통해 흘러가며 더 이상 학습되지 않게 되면서 과적합을 방지하게 되는 것이다.

층 정규화는 각 층에서 입력값들의 크기가 너무 차이가 나지 않게 정규화하는 것을 의미한다. 어떤 입력값들은 값이 매우 크고, 어떤 값들은 매우 작으면 층의 활성화 함수 출력도 입력값에 영향받기 때문에 크고 작은 값들이 나타난다. 그렇게 되면 특정 뉴런들은 포화되어 버리고, 다른 뉴런들은 아예 활성화되지 못하게 되면서 학습 속도가 느려지거나 멈춰버리게 된다. 층 정규화는 층의 입력 요소들을 입력값들 기준으로 정규화함으로써 입력값들이 적절한 크기로 분포되도록 한다. 이렇게 함으로써 학습이 안정적으로 진행되게 할 수 있는 것이다.

나머지 Linear 블록과 Softmax 블록은 출력층에 해당한다. 이제 전체적인 블록의 의미와 큰 숲을 탐색했으니 하나씩 세부적인 내용을 정복해 보도록 하겠다.

02 토큰화, 임베딩부터 포지셔널 인코딩까지

순환 신경망에서는 순차적인 데이터 입력을 통해 데이터 요소마다의 위치 정보가 반영될 수 있었으나, 트랜스포머에서는 병렬적으로 입력 데이터들을 동시에 연산하게 된다. 따라서 위치 정보를 다른 방식으로 알려줘야 하는데, 데이터 요소(예: 문장에서의 단어)들에 위치 정보를 인코딩해 주는 방법이 포지셔널 인코딩이다. 그런데 왜 단어들에 순서를 넣어줘야 할까? 다음 문장을 살펴보면 그 이유를 알 수 있다.

문장1 나는 가족을 지키기 위해 악당과 싸웠다.
문장2 나는 악당을 지키기 위해 가족과 싸웠다.

만약 앞의 문장들처럼 순서가 섞이게 되면 어떨까? 문장의 의미가 완전히 달라져 버리게 된다. 때문에 문장에서 각 단어들의 순서는 매우 중요한 요소다. 그런데 트랜스포머는 어떻게 이런 문장의 순서를 파악하는 것일까?

다음 그림은 포지셔널 인코딩의 개요도다. 문장은 트랜스포머 입력으로 병렬적으로 동시에 들어가게 되는데, 이렇게 들어간 문장은 연산을 수행하기 위해 숫자로 표현될 필요가 있다. 이를 위해 가장 먼저 토큰화라는 과정을 거친다. 이는 문자열을 압축된 기호의 시퀀스로 바꾸는 프로세스다. 즉, 텍스트는 잘게 쪼개져 일부마다 정수 숫자로 변환되어 최종 벡터가 생성된다.

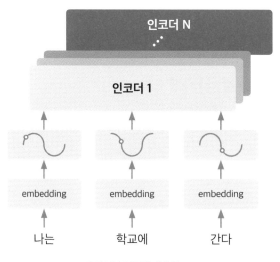

포지셔널 인코딩 개요도

이후 이 벡터는 임베딩이라는 과정을 거치게 된다. 임베딩은 정수 인덱스를 특정 크기의 벡터로 바꿔주는 작업이다. 다만, 이때 유사한 단어끼리 임베딩 벡터 차원의 공간상에 더 가깝게 모이는 방향으로 임베딩이 수행된다(즉, 일종의 신경망의 하나로 이해해도 무방하다). 이렇게 임베딩까지 완료되면 이제 포지셔널 인코딩이 수행된다.

나는   토큰화   11   임베딩   [0.1, 0.7, 0.2]
학교에 ⟶ 23 ⟶ [0.2, 0.6, 0.4]
간다   2   [0.5, 1.0, 0.3]

문장의 입력부터 임베딩까지의 과정

포지셔널 인코딩은 위의 임베딩 결과 벡터들에 순서를 부여하는 과정이다. 이를 위해 다음의 사인, 코사인 주기 함수를 통해 위치 값에 해당하는 값을 구해 원래의 임베딩 결과를 벡터들에 더해준다.

$$PE_{(pos,\ 2i)} = \sin(pos/10000^{2i/d_{model}})$$

$$PE_{(pos,\ 2i+1)} = \cos(pos/10000^{2i/d_{model}})$$

위의 식에서 pos는 해당 임베딩 벡터가 문장에서 어디에 위치하는지를 나타낸다. i는 임베딩 벡터 내에서 몇 번째 요소에 해당하는지를 나타낸다. 예를 들어, '나는, 학교에, 간다'라는 문장이 들어갔다고 가정하겠다. 그럼 다음과 같은 행렬이 최종적으로 만들어질 수 있다.

나는   토큰화   11   임베딩   [0.1, 0.7, 0.2]   행렬로 구성 $\begin{bmatrix} 0.1 & 0.7 & 0.2 \\ 0.2 & 0.6 & 0.4 \\ 0.5 & 1.0 & 0.3 \end{bmatrix}$
학교에 ⟶ 23 ⟶ [0.2, 0.6, 0.4] ⟶
간다   2   [0.5, 1.0, 0.3]

입력 문장으로부터 임베딩 결과 행렬 구하기

이때 행의 위치가 pos, 열의 위치가 i가 되고, 각 행과 열에 해당하는 값을 다음 식에 넣어 포지셔널 인코딩을 위한 행렬을 구할 수 있다.

$$PE_{(pos,\ 2i)} = \sin(pos/10000^{2i/d_{model}})$$

$$PE_{(pos,\ 2i+1)} = \cos(pos/10000^{2i/d_{model}})$$

위의 식에서 2행 3열은 $PE_{(2,2*1+1)} = \cos(2/10000^{2/d_{model}})$가 되며, 여기서 d_{model} 파라미터는 트랜스포머를 소개한 논문에서는 $d_{model} = 512$를 사용했다. 여기서 첫 번째 열은 $i=0$, 두 번째 열은 $i=1$ 순서다.

$$PE = \begin{bmatrix} \cos(0/10000^0) & \sin(0/10000^0) & \cos(0/10000^{2/512}) \\ \cos(1/10000^0) & \sin(1/10000^0) & \cos(1/10000^{2/512}) \\ \cos(2/10000^0) & \sin(2/10000^0) & \cos(2/10000^{2/512}) \end{bmatrix}$$

이제 이 포지셔널 인코딩 결과 행렬을 원래의 임베딩 결과 행렬에 더해주면 포지셔널 인코딩이 완성된다.

$$\begin{bmatrix} 0.1 & 0.7 & 0.2 \\ 0.2 & 0.6 & 0.4 \\ 0.5 & 1.0 & 0.3 \end{bmatrix} + \begin{bmatrix} \cos(0/10000^0) & \sin(0/10000^0) & \cos(0/10000^{2/512}) \\ \cos(1/10000^0) & \sin(1/10000^0) & \cos(1/10000^{2/512}) \\ \cos(2/10000^0) & \sin(2/10000^0) & \cos(2/10000^{2/512}) \end{bmatrix}$$

그런데 왜 하필 사인, 코사인 함수일까? 여기에도 이유가 있다. 첫 번째는 문장 내에서 위치가 달라짐에 따라 포지셔널 인코딩 값도 달라져야 한다. 즉,

포지셔널 인코딩에서 위치 값의 차이에 따라 유의미한 결괏값의 변화가 있어야 하는데, 사인, 코사인 함수는 입력값이 변하면 출력값도 변하게 된다. 두 번째는 원래의 임베딩 결과에 더해지기 때문에 값이 발산하면 안 된다. 사인, 코사인 함수는 값이 -1~1 사이로 한정되기 때문에 임베딩 벡터 결과와 더해져도 입력값들이 비교적 작아 무시되는 상황이 발생하지 않는다.

그런데 다들 의문이 들 것이다. 사인과 코사인은 주기 함수기 때문에 같은 임베딩 벡터 내에서도 요소의 위치 차이가 자칫하다 주기만큼 차이가 나서 동일한 값을 갖게 되면 어떻게 될까? 사실 이런 일은 일어나기 힘들다. 포지셔널 인코딩 시 임베딩 벡터 내 요소의 위치 i에 따라 사인과 코사인의 주기가 바뀌기 때문이다. 다시 다음의 식을 보겠다.

$$PE_{(pos,\ 2i)} = \sin(pos/10000^{2i/d_{model}})$$
$$PE_{(pos,\ 2i+1)} = \cos(pos/10000^{2i/d_{model}})$$

$pos=1, i=2$인 경우 사인, 코사인 함수의 주기는 모두 $2\pi \cdot 10000^{4/512}$이며, $pos=1, i=3$인 경우(임베딩 벡터 내에서 바로 옆 요소) 주기는 $2\pi \cdot 10000^{6/512}$으로 다른 주기를 가짐을 볼 수 있다.

03 어텐션 메커니즘에 대한 이해

이제 문장 하나를 보면서 어텐션 메커니즘이 왜 필요한지를 살펴보겠다.

한글 문장 나는 학교에 가지 않았다. 왜냐하면 내가 너무 피곤했기 때문이다.

영어로 번역된 문장 I didn't go to school. Because ___ was too tired.

    우리는 영어로 번역된 문장의 빈 칸에 'I'라는 단어가 들어갈 것을 쉽게 유추할 수 있다. 왜냐하면 한글 문장에서 우리는 '내가'라는 단어가 영어 문장에서 빈 칸에 해당된다는 것에 주목(크로스 어텐션)하기 때문이다. 딥러닝 모델 중 하나인 seq2seq에 어텐션 기법이 적용된 모델의 경우 이와 같이 한글 문장에서 집중할 부분을 찾고, 영어로 번역할 때 이를 활용할 수 있었다. 그러나 한글 문장에서 '내가'와 '피곤했기' 사이에 어떤 연관성이 있는지를 파악(셀프 어텐션)하

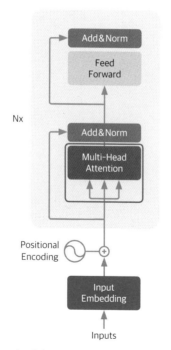

인코더의 Multi-Head Attention 모듈 위치

기 힘들다는 문제점이 있었다(사람은 '피곤함'을 느끼는 주체가 '나'임을 알 수 있다). 만약 문장 내에서 단어들 사이에 연관성을 살펴볼 수 있다면 더욱 자연스러운 번역이 가능할 것이다.

이것이 가능하게 하려면 원래의 문장을 문장 내 단어의 관계, 문장 간 단어의 관계를 잘 표현하는 형태로 변형해야 한다. 이 변형을 딥러닝 모델을 활용해 하게 된다면 더욱 좋을 것이다. 텍스트 문장은 포지셔널 인코딩 후에는 문장 내 위치 정보를 포함하는 특정 길이$d_{model}=512$의 임베딩 벡터가 된다. 여기에 '셀프 어텐션'을 적용하면 문장 내 단어들의 관계를 잘 표현해 주는 새로운 벡터로 바꿔준다. 그리고 이 기능을 하는 모듈이 'Multi-Head Attention' 모듈이다.

이제 이 모듈이 어떻게 원래의 입력 임베딩 벡터들을 문장 내에서 단어 간 관계를 잘 표현해 주는 형태로 바꾸는지 그 원리를 살펴보겠다.

04 Encoder 셀프 어텐션

어텐션 메커니즘에 대한 이해를 위해 다음의 문장을 예시로 보겠다.

> 문장 어제의 / 나는 / 오늘의 / 내가 / 아니다.
> 임베딩 벡터 [3.1, 0.2, 1.4] / [1.7, 2.3, 0.6] / [3.5, 0.1, 0.3] / [1.3, 2.6, 0.5] / [0.2, 0.3, -0.8]

위의 문장에서 각 단어와 다른 단어들의 관계를 파악하기 쉬운 방법은 단어 간 유사도를 살펴보는 것이다. 유사도를 구하는 방법은 비교적 쉽다. 단어의 임베딩 벡터끼리 내적을 하면 비슷한 벡터일수록 그 값이 크게 된다. 여기서는 벡터끼리 내적을 한 값에 상수 값(논문에서는 8)을 나눠 주는 연산을 한다. 내적은 영어로 Dot Product며, 스케일링을 했다고 해 이를 Scaled Dot Product라는 연산으로 불린다. 예를 들어, '어제의'의 임베딩 벡터는 [3.1, 0.2, 1.4]고, '나는'의 임베딩 벡터는 [1.7, 2.3, 0.6]이라면 두 벡터의 유사도는 내적한 값을 8로 나눈 (3.1*1.7+0.2*2.3+1.4*0.6)/8=0.82가 된다(위의 예시에서는 지면 관계상 임베딩 벡터의 길이를 3으로 표현했으나, 논문에서는 d_{model}=512로 구성했다). 단어 쌍들에 대해 벡터의 유사도들을 구해 나타낸 것을 우리는 어텐션 점수Attention Score라고 부르며, 다음 표로 작성했다.

	어제의	나는	오늘의	내가	아니다
어제의	1.45	0.82	1.41	0.66	-0.05
나는	0.82	1.07	0.79	1.06	0.07
오늘의	1.41	0.79	1.54	0.62	0.06
내가	0.66	1.06	0.62	1.09	0.08
아니다	-0.05	0.07	0.06	0.08	0.10

어텐션 점수

각 행과 열의 합이 1이 되도록 Softmax를 통과시켜 다음의 테이블을 구성했다. 이렇게 구한 테이블에서는 각 단어 간 유사도가 높을수록 더 값이 크다.

	어제의	나는	오늘의	내가	아니다
어제의	0.32	0.17	0.30	0.14	0.07
나는	0.20	0.26	0.19	0.25	0.09
오늘의	0.29	0.16	0.34	0.13	0.08
내가	0.18	0.27	0.17	0.28	0.10
아니다	0.18	0.20	0.20	0.21	0.21

어텐션 분포

이제 각 행에 대해 살펴보면 먼저 '어제의'라는 단어의 관점에서 '어제의, 나는, 오늘의, 내가, 아니다'라는 문장과의 유사도가 반영된 임베딩 벡터를 구할 수 있다.

$$W_{어제의} = 0.32 * [3.1, 0.2, 1.4] + 0.17 * [1.7, 2.3, 0.6] + 0.3 * [3.5, 0.1, 0.3] +$$
$$0.14 * [1.3, 2.6, 0.5] + 0.07 * [0.2, 0.3, -0.8] = [2.53, 0.87, 0.65]$$

즉, 각 단어들의 임베딩 벡터에 대해 '어제의'라는 단어와의 유사도를 기준으로 구한 행의 값들을 가중 합하는 것이다. 이번에는 '나는'이라는 단어의 관점에서 전체 문장 '어제의, 나는, 오늘의, 내가, 아니다'와의 유사도가 반영된 임베딩 벡터는 다음과 같다.

$$W_{나는} = 0.2 * [3.1, 0.2, 1.4] + 0.26 * [1.7, 2.3, 0.6] + 0.19 * [3.5, 0.1, 0.3] + 0.25$$
$$* [1.3, 2.6, 0.5] + 0.09 * [0.2, 0.3, -0.8] = [2.09, 1.34, 0.54]$$

'오늘의', '내가', '아니다'까지 동일하게 구하고 나면 총 5개의 새로운 임베딩 벡터들이 출력된다.

$W_{오늘의} = [2.55, 0.83, 0.61]$

$W_{내가} = [2.00, 1.42, 0.52]$

$W_{아니다} = [1.92, 1.12, 0.37]$

이렇게 새롭게 구한 임베딩 벡터들 5개 집합은 이제 각 단어 간의 관계성이 반영된 문장을 구성한다. 우리는 이런 벡터들을 컨텍스트 벡터Context Vector라고 부른다. 이제 문장의 각 단어는 자신만을 의미하는 것이 아니라 문장 내 다른 단어들과의 유사도가 반영되었다. 이때 하나의 문장 내에서 단어 간 관계를 살펴보았으므로 이를 셀프 어텐션이라고 부른다. 만약 서로 다른 두 문장 간 단어들의 조합에 대해 위의 과정을 수행하면 크로스 어텐션이라고 부른다. 이 경우 서로 다른 문장을 구성하는 단어들 간의 유사도가 반영되어 각 단어들은 새로운 임베딩 벡터들로 표현된다.

다만, 실제 어텐션 메커니즘을 구할 때에는 앞서와 같이 단순히 임베딩 벡터들을 바로 사용하는 것이 아니라 완전 연결층을 통과한 벡터들을 사용하게 된다. 즉, 임베딩 벡터들을 직접 유사도를 구하거나 컨텍스트 벡터를 만드는 데 활용하는 것이 아니라 임베딩 벡터를 잘 학습된 완전 연결층을 통과시켜 만든 새로운 벡터들로 작업들을 수행하게 된다. 앞의 예시에서는 바로 임베딩 벡터들로 예시를 보임으로써 좀 더 직관적으로 이해할 수 있도록 설명했다.

어텐션 메커니즘은 일종의 '가중 합'이라고 볼 수 있다. 앞서 과정을 다시 살펴보면 먼저 테이블의 행 위치에 비교할 단어를 선정했다. 우리는 이 단어의 임베딩 벡터를 Query라고 부르겠다. 그리고 각 열에는 앞의 Query와 비교할 단어들을 배치했다. 비교할 단어의 임베딩 벡터를 Key라고 부르겠다. 이제 각 Query와 Key의 유사도를 구한 값을 Attention Score라고 부른다. 그리고 Attention Score를 Softmax에 통과시켜 각 행의 합이 1이 되도록 구성한 것을 어텐션 분포Attention Distribution라고 부른다(앞의 표 참고). 이 어텐션 분포를 가중치로 각각 곱해줄 값을 Value라고 부른다. 앞의 예시에서는 Value로 입력 문장의 임베딩 벡터를 바로 사용했으나, 실제로 이 임베딩 벡터는 완전 연결층을 통과시켜 만든 벡터를 사용한다.

멀티 헤드 어텐션은 이런 하나의 어텐션 헤드를 여러 개로 쪼개 여러 개 병렬로 붙여 놓은 것을 의미한다. 일단, 하나의 큰 어텐션 헤드를 쪼갰기 때문에 전체적인 연산을 두세 배 늘리는 것이 아니어도 여러 개의 어텐션 헤드가 마치 앙상블 학습Ensemble Learning 효과를 내는 장점이 있다. 앙상블 학습이 여러 모델들을 학습시켜서 모델들의 예측 결과들을 종합적으로 고려해 전체적 성능을 향상시키는 학습 기법임을 고려할 때 작은 어텐션 헤드들의 결과들을 함께 고려해 전체적 성능을 향상시킨다는 점에서 앙상블 학습의 효과를 낸다고 볼 수 있다.

또한 어텐션 헤드를 여러 개 갖는 것은 트랜스포머가 입력들의 다양한 종류에 대해 다양한 어텐션 메커니즘을 학습할 수 있도록 한다. 이렇게 되면 입력의 종류에 따라 입력 요소 사이의 연관성이 달라지는 경우(예: 텍스트에서 단어 간 관계성을 보는 문제를 풀다가 이미지에서 픽셀 간 관련성을 보는 문제를 풀어야 하는 경우)에도 유연하게 대처할 수 있다.

05 멀티 헤드 어텐션

멀티 헤드 어텐션 구현은 생각보다 간단하다. 먼저 '나는 점심을 먹었다'라는 문장을 임베딩과 포지셔널 인코딩을 거치게 되면 다음과 같은 행렬이 된다.

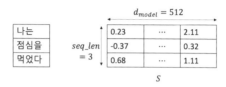

문장에 워드 임베딩과 포지셔널 인코딩을 거친 결과

이를 $d_{model} = 512$의 크기를 갖는 완전 연결층을 지나도록 하면 원래의 입력 행렬 크기를 그대로 유지하게 된다. 이 과정은 다음의 행렬을 입력 행렬에 곱해주는 결과와 같다.

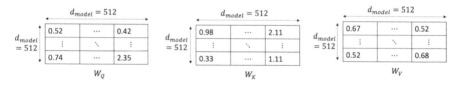

Query, Key, Value 가중치 행렬

입력 행렬의 크기가 (seq_len, d_{model})이며, Query, Key, Value의 가중치 행렬이 모두 (d_{model}, d_{model})이므로 두 행렬을 곱한 결과 행렬 역시 (seq_len, d_{model})이 된다.

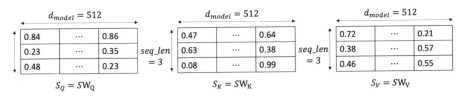

완전 연결층을 통과한 후의 결과 행렬

위와 같이 완전 연결층을 통과한 결과는 가중치 행렬과 입력 행렬을 곱해준 결과와 같다. 학습 시 Query, Key, Value의 가중치 행렬의 성분들은 학습 파라미터로 학습된다. 학습이 잘 될수록 입력 문장의 중요한 부분들에서 모델이 더욱 주목할 수 있는 Query, Key, Value가 구해지게 된다. 그런데 지금까지는 하나의 어텐션 헤드만 생각했다. 여기서 어텐션 헤드를 트랜스포머 논문에서와

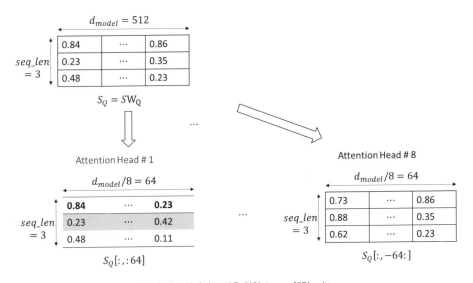

멀티 헤드 어텐션 구성을 위한 Query 행렬 split

같이 8개로 나누게 되면 어떻게 구현할까? 먼저 Query에 대해 멀티 헤드 어텐션을 구해보겠다.

멀티 헤드 어텐션으로 구성하기 위한 방법은 바로 Query, Key, Value 행렬을 멀티 헤드 수만큼 나누는 것이다. 먼저 Query를 예시로 들면 원래의 입력 문장의 임베딩, 포지셔널 인코딩이 끝난 임베딩 행렬에 Query 가중치 행렬을 곱한 $(seq\_len, d_{model}) = (3, 512)$ 크기의 결과 행렬은 8개 멀티 헤드 어텐션으로 구성할 경우 $(seq\_len, d\_{model}/8) = (3, 64)$ 크기의 결과 행렬 8개로 나눠진다. Key, Value에 대해서도 위의 방법대로 동일하게 적용하면 Key에 대한 (3, 64) 행렬 8개, Value에 대한 (3, 64) 행렬 8개가 나타난다. 이제 8개의 (Query, Key, Value) 세트들이 준비되었다. 이 8개 세트들이 각각 하나의 어텐션 헤드를 구성하게 된다.

앞의 예시에서 Query는 문장에서 어떤 단어의 관점에서 살펴볼지를 결정하는 단어의 임베딩 벡터였다. Key는 문장 내에서 비교의 대상이 되는 단어의 임베딩 벡터였다. 그리고 특정 Query에 대해 각 Key들과의 유사도를 비교해 어텐션 점수Attention Score를 매기고, 이들을 Softmax를 통과시켜 유사도에 대한 백분율을 구했다. 우리는 이를 어텐션 분포Attention Distribution라고 불렀다. Value는 다시 Query와 동일하게 문장에서 관점의 대상이 되는 단어의 임베딩 벡터를 사용했다. 이후 Value는 어텐션 분포와 가중 합되어 새로운 벡터들이 되었다. 그래서 문장을 구성하는 단어들의 새로운 벡터들은 자기 자신과 다른 단어들과의 관계성이 녹아 든 새로운 임베딩 벡터의 역할을 한다.

그런데 이제는 단순히 임베딩 벡터들을 Query, Key, Value로 사용하는 것이 아니라 완전 연결층을 통과시킨 결과들을 멀티 헤드 수만큼 쪼개서 사용하게 된다. 이때 완전 연결층을 통과시킴으로써 임베딩 벡터들이 쪼개져도 제 역할을 다할 수 있다. 임베딩 벡터는 그 자체로도 의미를 갖는다. 비슷한 단어들은 비슷한 임베딩 공간에 사영되고, 임베딩 벡터들 간의 사칙연산을 통해 의미 있는 또 다른 임베딩 벡터들을 도출할 수 있는 등의 특성들을 갖게 된다. 그래서 잘 구성된 임베딩 벡터를 멀티 헤드 수만큼 단순히 쪼개 버리면 각각의 어텐션 헤드에서는 임베딩 벡터가 갖는 의미를 잃게 될 가능성이 있다. 그러나 임베딩 벡터를 완전 연결층을 통과시키고 여러 개로 쪼개면 쪼개진 벡터들 각각은 최대한 원래의 임베딩 벡터를 잘 활용해 어텐션 메커니즘을 잘 동작시키도록 학습된다.

이제 어텐션 점수와 어텐션 분포를 구해보는 과정을 살펴보겠다.

먼저 앞의 설명과 같이 첫 번째 어텐션 헤드에 대해 S_{Q_1}, S_{K_1}, S_{V_1}을 구한다 (나머지 어텐션 헤드 각각에도 다음 과정들이 동일하게 진행된다). 각 행렬들은 이제 크기가 $(seq\_len, d_{model}/8)=(3, 64)$다. 여기서 S_{Q_1}, S_{K_1}에 Scaled Dot Product 연산을 통해 유사도를 구해보겠다.

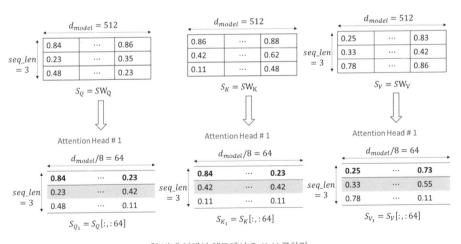

첫 번째 어텐션 헤드에서 Q, K, V 구하기

$$Attention\ Score(S_{Q_i},\ S_{K_i}) = \frac{S_{Q_i}S_{K_i}^{T}}{\sqrt{d_k}}$$

위의 i는 i번째 어텐션 헤드임을 나타낸다. Scaled Dot Product는 두 행렬의 내적 후 상수 값으로 나눠 구한다. 이를 위해 S_Q와 곱하는 S_K의 전치 행렬을 구해 곱하게 된다. 여기서 나눠 주는 상수는 $\sqrt{d_k}$이며, 논문에서는 d_k = 64를 사용했으므로 $\sqrt{d_k}$ = 8이다.

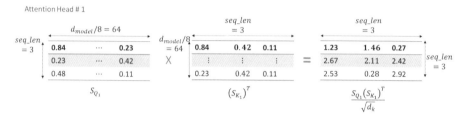

어텐션 점수 행렬을 구하는 과정

S_{Q_1}, S_{K_1}은 (3, 64) 크기의 행렬이므로 $S_{K_1}^{T}$는 (64, 3) 행렬이 되어 두 행렬을 곱한 최종 행렬은 (3, 3)이 되었다. 이제 어텐션 분포 행렬을 구해보겠다.

$$Attention\ Distribution(S_{Q_i},\ S_{K_i}) = Softmax(Attention\ Score(S_{Q_i},\ S_{K_i}))$$

어텐션 분포 행렬은 어텐션 점수 행렬을 마지막 축으로 Softmax 연산을 수행해 구하게 된다. 여기서는 Column 방향으로 Softmax를 수행하기 때문에 각 행의 요소의 합이 1이 됨을 볼 수 있다.

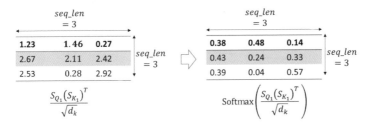

어텐션 분포 행렬을 구하는 과정

결과 행렬은 동일하게 (3, 3)이다. 이제 남은 과정은 어텐션 값 행렬을 구하기 위해 Value를 곱해주는 과정만 남았다.

$$Attention(S_{Q_i},\ S_{K_i},\ S_{V_i}) = Attention\ Distribution(S_{Q_i},\ S_{K_i})S_{V_i}$$

앞서 어텐션 분포 행렬의 차원이 (3, 3)이고, Value 행렬이 (3, 64)이므로 두 행렬을 곱한 결과 행렬의 차원은 (3, 64)가 된다. 이 어텐션 값 행렬은 첫 번째 어텐션 헤드를 통해 문장 내에서 단어들 간의 관계가 잘 반영된 새로운 행렬이 된다. 그리고 어텐션 헤드가 총 8개가 있으므로 8개의 새로운 관점들로 문장 내 단어들 간의 관계가 잘 반영된 새로운 행렬들이 8개 출력된다.

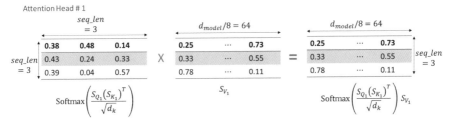

어텐션 값 행렬(Attention Value Matrix)을 구하는 과정

이제 남은 과정은 이 8개의 행렬들을 합치고, 완전 연결층을 통과시키는 일이다.

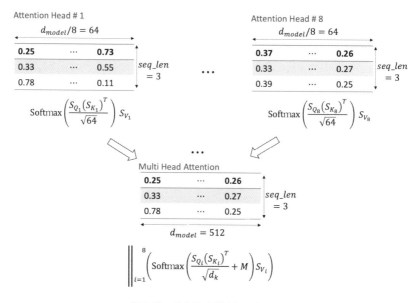

멀티 헤드 어텐션 값 행렬을 구하는 과정

각각의 어텐션 헤드에서 (3, 64) 크기의 결과 행렬들이 있고, 이들을 옆으로 이어 붙이면 (3, 512)의 최종 결과 행렬이 나타난다. 여기서 $\|_{i=1}^{8}(M_i)$ 기호는 M_1

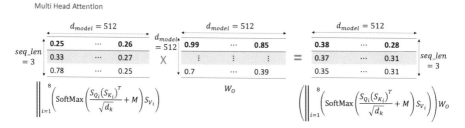

완전 연결층을 통과한 어텐션 값 행렬 결과

부터 M_8 행렬까지 옆으로 이어 붙이는 Concatenation 기호로 정의한다.

이 결과 행렬에 512의 노드 수를 갖는 완전 연결층을 통과시키면 이는 (512, 512)의 가중치 행렬을 곱하고, 편향값을 더해주는 것과 같다. 앞의 예시에서는 편의상 편향bias은 생략했다. 최종 행렬의 크기는 최초 입력된 행렬과 동일하게 (3, 512)임을 주목한다.

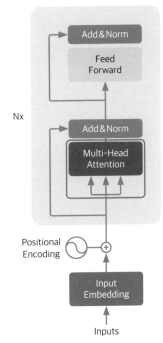

멀티 헤드 어텐션의 동일한 입출력 크기와 잔차 연결 구조

다시 멀티 헤드 어텐션 전후 구조를 살펴보면 Add & Norm이 보인다. Add는 이전에도 배웠던 잔차 연결Residual Connection을 의미한다. 잔차 연결은 네트워크의 정보 흐름을 개선하는 용도로 사용되며, 층의 입력을 층의 출력과 더해 구현된다. 이 과정을 통해 모델이 층에서 일어나는 비선형 변환을 우회하는 '지름

길'을 제공하고, 이를 통해 입력과 출력 사이에 정보의 직접적인 전파가 가능하도록 한다. 이렇게 되면 깊은 신경망에서 그레이디언트가 점차 소실되는 문제가 경감될 수 있다. 이런 잔차 연결을 구현하고자 입출력 행렬을 더하려면 두 행렬의 크기가 동일해야 하는데, 우리는 멀티 헤드 어텐션의 입출력 행렬이 동일한 크기임을 확인했다.

Norm은 Layer Normalization을 의미한다. 이는 딥러닝 네트워크의 학습 과정에서 층의 입력값들의 분포가 이전 층들에서의 비선형적인 활성화 값에 의해 변화해 발생한다. Sigmoid 활성화 함수를 예시로 들면 다음과 같이 0 부근에서는 직선에 가까우나, 음수나 양수 영역으로 갈수록 기울기가 감소한다.

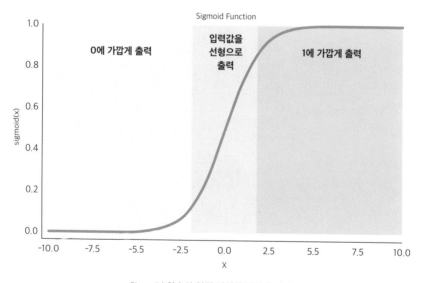

Sigmoid 함수의 입력 범위에 따른 출력값

이와 같이 입력값이 음수로 큰 경우에는 0에 가까운 값들만 출력되고, 양수로 큰 경우에는 1에 가까운 값들만 출력된다. 즉, 원래의 입력값들(이전 층들의 출력값들)의 분포와 출력값들의 분포가 달라지는 것이다. 이런 비선형성에 의한 층의 입력값의 분포 변화는 학습을 더욱 불안정하게 만들 수 있는 요소로, 이를 내부 공변량 변화Internal Covariate Shift라고 부른다.

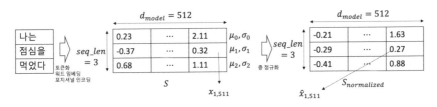

트랜스포머에서의 층 정규화 과정 예시

트랜스포머 구조상 여러 개의 인코더와 디코더를 사용하고, 그 내부에서도 완전 연결층들이 여럿 존재하므로 동일하게 내부 공변량 변화 문제를 겪는다. 이때 사용할 수 있는 방법 중 하나가 층 정규화Layer Normalization로, 문장 내 단어들의 임베딩 벡터들 각각에 대해 다음과 같은 정규화 과정을 거친다.

$$\hat{x}_{i,j} = \gamma \cdot \frac{x_{i,j} - \mu_i}{\sqrt{\sigma_i^2 + \epsilon}} + \beta$$

여기서 i는 행을 의미하고, j는 열을 의미한다. 즉, 문장의 각 단어들은 각각 길이 d_{model}의 임베딩 벡터를 갖고, 이 임베딩 벡터 요소들이 층의 입력으로 들어간다. 이 임베딩 벡터 요소들을 대상으로 정규화하는 과정이 층 정규화다. μ_i는 i번째 행의 평균값을 의미하고, σ_i는 i번째 행의 표준편차다. ϵ는 매우 작은 상수로, σ_i가 0인 경우 0으로 나눠지지 않게 하기 위해 사용되었다. γ, β는 학습 파라미터로, 학습 과정에서 더 좋은 정규화를 내는 방향으로 결정된다.

이렇게 되면 층의 입력으로 매번 임베딩 벡터가 들어올 때마다 그 분포가 표준 정규 분포로 바뀌어 들어오기 때문에 입력 데이터의 범위에 따라 분포가 크게 달라지는 경우가 줄게 된다.

이제 Add & Norm이 끝난 크기 $(seq\_len, d_{model}) = (3, 512)$의 결과 행렬은 Feed Forward와 또 다른 Add & Norm을 거친다. 여기서 Feed Forward는 2개의 완전 연결층들이다. 첫 번째 완전 연결층에서는 512 길이의 임베딩 벡터를 2,048 길이로 바꿔주고, 두 번째 완전 연결층에서는 2,048 길이의 벡터를 다시 512 길이로 변환해 준다. 두 완전 연결층에서 모두 ReLU를 활성화 함수로 사용했다.

하나의 인코더의 최종 출력 형태는 입력 형태의 크기와 동일하게 $(seq\_len, d_{model}) = (3, 512)$임을 볼 수 있다. 이는 편의상 그림에서는 인코더를 하나만 그렸지만, Nx(=6)개의 인코더 블록이 있다는 것을 보면 그 이유를 알 수 있다. 인코더 블록의 입력으로 들어온 행렬과 출력으로 나가는 행렬의 크기가 같아야 연결되는 다음 인코더 블록으로 또다시 들어갈 수 있기 때문이다. 이렇게 6개의 인코더 블록을 통과한 결과 행렬은 이제 디코더에서 활용될 수 있다.

지금까지 인코더 측의 모든 구성 요소들을 살펴보았다. 이제는 디코더의 구성 요소들을 살펴보겠다. 이미 가장 중요한 어텐션 메커니즘을 살펴보았으므로 디코더에서의 어텐션 메커니즘 개념도 이와 매우 유사하기 때문에 더욱 쉽게 이해할 수 있다.

06 Masked Decoder 셀프 어텐션

디코더에서는 인코더와 다르게 Masked Decoder 셀프 어텐션을 사용한다. 이는 인코더와 거의 동일하나, 예측할 대상 이후의 값을 예측 시 보지 못하게 가리는masking 기능을 추가했다는 점에서 차이가 있다. 앞서 트랜스포머는 순환 신경망과 다르게 문장 내 단어들을 순차적으로 입력하는 것이 아니라 한 번에 입력한다는 것을 배웠다. 이 경우 현재 예측하고자 하는 단어 이후의 단어들도 문장에서 참조할 수 있게 된다. 우리가 대화할 때 상대방이 이후에 말할 단어를 미리 알 수 없듯이 트랜스포머의 현 시점 예측 단어에 정답 문장에서 미래 단어를 참조할 수 없도록 하는 것이 바로 미리보기 방지Look-ahead Masking다.

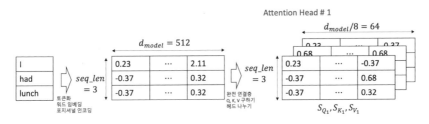

디코더의 셀프 어텐션을 위한 Q, K, V 구하기

디코더에서도 마찬가지로 완전 연결층을 통해 Query, Key, Value 행렬을 구한다. 이때의 행렬 크기는 $(seq\_len, d_{model}) = (3, 512)$다. 이후 멀티 헤드로 구성하기 위해 8개 헤드들로 행렬을 나눈다. 첫 번째 헤드에 대해 Q, K, V 각 행렬들의 크기는 모두 $(seq\_len, d_{model}/8) = (3, 64)$다.

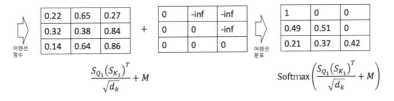

Look-ahead Masking 적용

이제 어텐션 점수를 구해보자. Query 행렬과 Key 행렬의 전치 행렬을 곱하면 (3, 64) 행렬과 (64, 3) 행렬이 곱해져 (3, 3) 행렬이 된다. 여기서 우리는 Look-ahead Masking을 진행하기 위해 대각선 이하는 모두 0이고, 대각선 위는 모두 매우 큰 음수를 넣어준 행렬을 더해준다. 이후 Softmax를 취하면 대각선 위의 성분들은 모두 0이 되고, 대각선 아래의 성분들만 남는다. 즉, 어텐션 분포를 구할 때 문장의 자기 자신 성분보다 미래에 있는 성분들에 주목할 가능성을 0으로 만든 것이다.

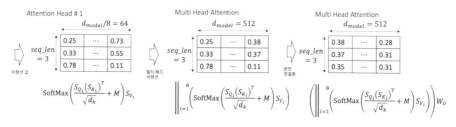

멀티 헤드 어텐션 구성 후 완전 연결층 통과하여 최종 출력

이후에는 인코더와 동일하게 각 어텐션 헤드로부터 구해진 어텐션 값 행렬들을 가로로 붙인 후 완전 연결층을 통과시켜 디코더 블록의 최종 출력 행렬로 구한다. 이 행렬의 크기는 처음 입력과 동일한 (seq_len, d_{model}) = (3, 512)다.

07 Encoder-Decoder Attention(크로스 어텐션)

지금까지의 어텐션 메커니즘은 모두 인코더 또는 디코더에서 자기 자신의 입력 시퀀스를 대상으로 수행되어 입력 시퀀스 내 요소들 간의 관계가 더욱 잘 표현되는 형태로 시퀀스를 나타내는 데 목적이 있었다. 그런데 앞에서 seq2seq에 어텐션 메커니즘을 적용할 때에는 현 시점에서 디코딩하는 요소와의 유사도를 기반으로 입력 시퀀스상의 어텐션 분포를 구하고, Value와 어텐션 분포와의 계산을 통해 어텐션 값들을 구해 디코딩에 활용했다. 즉, 출력 시퀀스와 입력 시퀀스의 관계성을 반영하기 위한 목적으로 어텐션 메커니즘을 활용했다.

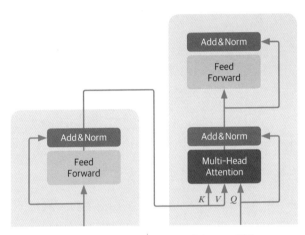

인코더의 Key, Value 행렬과 디코더의 Query 행렬

트랜스포머의 인코더와 디코더 사이에서 작용하는 어텐션 메커니즘 역시 이런 입출력 시퀀스 간의 관계성을 반영하기 위한 목적으로, 이를 크로스 어텐션이라고도 부른다. 원리는 매우 간단하다. Query는 관점의 대상이 된다고 했는데, 우리의 목적이 현재 디코딩을 하는 데 어텐션 메커니즘을 수행하는 것이므로 디코더 측의 문장 행렬을 임베딩하고, 포지셔널 인코딩한 행렬을 Masked 멀티 헤드 어텐션을 통과시켜 Query 행렬을 만든다. 그런 다음 출력 시 참고할 문장이 바로 입력 문장이기 때문에 인코더 측에서 Query와 유사도를 비교할 Key를 구하고, Query와 Key 간의 유사도를 통해 어텐션 점수를 구해 Softmax

를 거쳐 어텐션 분포가 구해지면 이를 Value와 곱해 어텐션 값을 구한 후 디코 딩에 활용하기만 하면 된다(항상 Query는 어디서 사용하는가, Key는 누구와 비교하는 가, Value는 비교 결과에 무엇을 적용할 것인가라는 관점으로 이해하면 매우 쉽다).

크로스 어텐션을 위한 Query 행렬 생성

Query 행렬을 만들기 위한 소스가 디코더로 입력되는 문장임을 주목하자. 이때 입력되는 문장은 모델 학습 시에는 교사 학습Teacher Forcing이라는 기법을 적용해 정답 문장이 되고, 모델 추론 시에는 이전까지 예측한 문장이 된다. 교 사 학습은 간단한 개념인데, 번역 시 이전까지의 내용이 다음 예측 내용에 영향 을 주기 때문에 한 번 잘못 예측하게 되면 누적 오차가 점차 심해지는 현상이 생긴다.

이를 방지하기 위해 교사 학습이라고 해 한 스텝씩 예측해 만드는 문장을 디코더에 넣는 것이 아니라 아예 정답 문장을 한 번에 넣어주는 것이다. 이렇게 되면 중간에 틀린 예측을 하더라도 뒤이어 나오는 단어들은 앞의 실수에 의존 하지 않게 된다(위의 그림에서는 모델이 학습 중임을 가정해 전체 정답 문장을 넣어줬다). 이렇게 교사 학습을 활용하면 모델이 더 효과적이고 빠르게 학습할 수 있으나, 정답 시퀀스에 더 의존적이게 되고 과적합의 가능성이 높아지는 잠재적 문제 도 존재한다.

다시 돌아와서 디코더 측 문장은 토큰화, 워드 임베딩, 포지셔널 인코딩을 거쳐 문장 행렬이 되고, 이는 Masked 멀티 헤드 어텐션을 통과한 후 이전에 배운 잔차 연결과 층 정규화를 거치게 된다. 이때의 행렬의 크기는 (seq_len, d_{model}) = (3, 512)다. 이는 이제 이전과 동일하게 (d_{model}, d_{model}) = (512, 512)의 완전 연결층을 통과한 후 8개의 멀티 헤드로 나뉘어 (seq_len, d_{model}/8) = (3, 64) 크기 행렬 8개의 Query 행렬이 된다. 앞의 그림에서는 8개 중 첫 번째 헤드에서의 Query 행렬을 보였다.

크로스 어텐션을 위한 Key, Value 행렬 생성

이제 Key, Value 행렬을 살펴보면 조금 전과는 다르게 인코더에서의 원래 입력 문장으로부터 구하는 것을 볼 수 있다. 위의 그림에서는 단순화해 Multi-Head Attention 모듈만 그렸으나, 실제로는 잔차 연결과 층 정규화를 거치고 완전 연결층을 지나 또 다른 잔차 연결과 층 정규화를 거치게 된다. 이 최종 행렬의 크기 역시 (seq_len, d_{model}) = (3, 512)가 되고, 이전과 동일하게 (d_{model}, d_{model}) = (512, 512)의 Key, Value를 위한 각각의 완전 연결층을 통과한 후 8개의 멀티 헤드로 나뉘어 (seq_len, d_{model}/8) = (3, 64) 크기 행렬 8개의 Key, Value 행렬들이 된다. 위의 그림에서는 8개 중 첫 번째 헤드에서의 Key, Value 행렬을 보였다.

남은 과정은 이전에 계속 반복했듯이 Query 행렬과 Key 행렬의 Scaled Dot Product를 통해 어텐션 점수를 구하고, Softmax를 통과해 어텐션 분포를 구한다. 그리고 이를 Value와 곱해 어텐션 값 행렬을 구하고, 8개로 나뉘었던 어텐션 값 행렬을 모으면 또다시 (seq_len, d_{model}) = (3, 512) 크기의 행렬이 된다.

그런 다음 이 행렬은 원래의 (seq_len, d_{model}) = (3, 512) 크기의 입력 행렬과 함께 잔차 연결을 통해 더해지고, 층 정규화를 통과한다. 이후 디코더에서 마지막 과정에 속하는 완전 연결층과 또 한 번의 잔차 연결 및 층 정규화를 거치면 디코더 블록 하나가 완성된다.

그런데 우리는 이런 디코더 블록이 총 6개 있다는 것을 배웠다. 그리고 디코더에서 출력되는 최종 행렬의 크기는 입력 행렬의 크기와 동일하게 (seq_len, d_{model}) = (3, 512)이므로 6번 디코더를 반복해 통과시켜 주게 되는 것이다.

마지막 출력을 위해 출력층(완전 연결층과 Softmax)을 통과시키면 우리가 원하는 출력 단어의 확률 분포가 된다.

지금까지 우리는 트랜스포머의 구조를 자세히 살펴보았다. 트랜스포머는 자연어 처리 분야에서 혁신을 가져왔고, 많은 최신 모델들의 초석이 되었다. 기계 번역부터 감정 분석까지 트랜스포머는 굉장한 성능과 무궁무진한 활용도를 보여주었다. 이 분야에 대한 연구가 지속될수록 앞으로 트랜스포머 모델이 미래에 더 많은 문제들을 어떻게 효과적으로 해결할지 기대된다.

08 ChatGPT는 어떤 점이 다른가?

지금까지 트랜스포머에 대해 중점적으로 살펴보느라 ChatGPT 구현에 대해서는 살짝 소홀했다. 여기서는 ChatGPT가 지금까지 설명한 트랜스포머의 디코더 부분과 어떤 점이 다른지를 좀 더 자세히 설명해 보겠다.

우선 ChatGPT는 GPT-3로부터 파생되었다. 여기서 GPT-3는 1억 2천 5백만 개의 파라미터 수부터 1,750억 개의 파라미터 수까지 여러 버전들이 존재한다. 그리고 모든 GPT-3 모델들은 GPT-2 모델들의 아키텍처와 동일하게 어텐션 메커니즘을 사용한다. 앞서 설명한 1억 2천 5백만 개의 파라미터를 갖는 작은 버전은 12개의 어텐션 레이어들을 갖고 있고, 각각은 64 차원의 헤드를 갖는다고 한다. 또한 가장 큰 버전인 1,750억 개의 파라미터 버전은 96개의 어텐션 레이어들을 가지며, 128 차원의 헤드를 갖는다고 한다.

즉, GPT-3는 GPT-2를 모델 아키텍처의 큰 변화 없이 1,000배 이상 키우고, 더 많은 데이터로 학습시킨 버전이라고 생각하면 된다.

09 ChatGPT 학습 테크닉, Reinforcement Learning from Human Feedback(RLHF)

ChatGPT에서 유용하게 활용된 학습 테크닉 중 하나는 사람의 피드백을 통한 강화 학습 방법의 적용이다. 이 방법을 소개한 논문*에서는 InstructGPT라고 명명했다. 이렇게 사람에 대한 피드백을 통해 학습된 InstructGPT 모델은 13억 개의 파라미터 수만 가지고도 1,750억 개의 파라미터 수를 갖고 있는 일반적인 GPT-3 모델의 답변보다 더 믿을 만하고 무해한 답변을 내놓았다고 한다(파라미

---

* **논문**: Ouyang, Long, et al. "Training language models to follow instructions with human feedback." arXiv preprint arXiv:2203.02155 (2022).

터 수가 100배 이상 차이 난다!). 그만큼 사람의 피드백을 통해 강화 학습적인 방법을 접목시키면 더 효과적으로 모델을 학습시킬 수 있는 것이다.

첫 번째 학습 과정에서는 지도 학습 방법으로 시연 데이터(질문-답변 데이터)를 미세 튜닝Fine-tuning시킨다. 이 과정 전에는 모델이 대규모 언어 코퍼스corpus로부터 Task와 무관하게 언어에 대한 지식만 갖고 있으나(사전 학습된 모델), 이 과정을 통해 특정 질문에 대해 어떤 식으로 답변해야 하는지를 배우게 된다.

두 번째 학습 과정에서는 질문에 대한 여러 샘플 답변들 중 어떤 답변이 우수한지에 대한 데이터를 모아서 보상 모델을 학습시킨다. 이를 위해 라벨러들(라벨을 매기는 작업을 하는 사람들)은 답변들 여러 개를 보고, 좋은 답변부터 그렇지 않은 답변까지 순서를 매긴다. 이런 데이터들로 모델을 학습시키면 해당 모델은 어떤 답변이 더 좋은 답변인지를 구분하게 된다.

즉, 하나의 모델은 답변을 생성하는 모델이지만, 또 다른 모델은 좋은 답변이란 무엇인가를 구분하는 모델이다. 두 번째 과정에서는 '좋은 답변에 높은 순위를 매기는 모델'을 만드는 것이다. 이 모델은 '좋은 답변'을 생성하는 능력은 없어도 적어도 답변들 중 무엇이 더 좋은 답변인지를 맞히는 데 특화되어 있다.

세 번째 학습 과정에서는 두 모델을 접목시켜 생성 모델은 답변을 생성하고, 보상 모델(평가 모델)은 생성된 답변이 얼마나 좋은지를 평가한다. 즉, 생성 모델의 파라미터 업데이트를 위한 보상을 계산한다. 이 보상을 참고해 생성 모델은 자기 자신의 파라미터를 업데이트하는 것이다.

⑩ 왜 ChatGPT가 대규모 학습에 유리할까?

ChatGPT가 대규모 학습에 유리한 것은 트랜스포머가 사전 학습Pre-training과 미세 튜닝Fine-tuning에 유리한 구조기 때문이다. 트랜스포머의 사전 학습을 살펴보면 먼저 태스크와 무관한 대규모의 데이터셋(코퍼스)을 통해 학습된다. 이 사전 학습 과정 동안 모델은 입력 데이터의 표현형을 생성하는 방법과 인코딩 및 디코딩하는 방법을 배우게 된다. 이렇게 사전 학습된 모델은 이후 더 작고 특정 태스크에 집중된 데이터셋으로 추가적으로 학습시켜 학습 파라미터들을 미세 튜닝한다. 이렇게 되면 특정 작업의 수행 성능이 향상된다.

이렇게 미리 일반적이고 많은 양의 데이터로 학습시킨 모델을 추가 학습시키는 기법을 '전이 학습Transfer Learning'이라고도 하는데, 사전 학습된 모델은 이미 언어에 대한 깊은 이해력을 갖고 있기 때문에 추가 학습 시 연산 리소스를 새로 전부 학습하는 것에 비해 상당한 시간을 절약할 수 있다.

뿐만 아니라 사전 학습 과정은 모델이 언어에 대한 일반적인 표현형을 배울 수 있도록 하므로 새로운 데이터에 대해서도 강건하게 동작하며, 일반화 성능도 우수하게 된다. 즉, 사전 학습 과정을 통해 트랜스포머가 특정 작업에 국한되지 않는 풍부한 표현형을 배울 수 있게 된다.

정리하면 사전 학습과 미세 튜닝은 트랜스포머가 전이 학습을 통해 더 풍부하고 일반적인 언어의 표현형을 익히도록 한다.

ChatGPT의 한계와 앞으로의 전망

ChatGPT의 한계와 앞으로의 전망에 대해 간략히 알아보자.

01 ChatGPT의 한계점

ChatGPT가 사람과 같이 자연스러운 텍스트를 출력하지만, 여전히 한계점들이 있다. 여기서는 ChatGPT의 몇몇 한계점들에 대해 살펴봄으로써 추후 ChatGPT 사용 시 주의해야 할 점에 대해 배워보겠다.

먼저 ChatGPT는 학습에 사용되는 데이터가 편향되지 않은 정보여야만 모델도 편향되지 않는다. 만약 학습에 사용된 데이터에 성별, 인종, 정치적 편향이 존재한다면 모델이 출력하는 텍스트에도 이런 편향적인 정보가 반영될 수 있다. 이는 모델의 학습 과정에서 편향되지 않은 데이터의 중요성을 보여준다.

또한 ChatGPT는 비록 방대한 텍스트 데이터를 통해 학습되었음에도 불구하고 개념들 간의 관계에 대해 사유하거나 세상에 대한 내재적인 이해가 들어가 있지 않다. 때문에 ChatGPT가 때때로 상식이 부족한 것 같은 결과를 보이거나 비꼬거나 아이러니한 내용에 대해 이해를 못하는 것 같이 보이기도 한다.

그리고 ChatGPT는 한 번도 보지 못한 개념들을 연결 짓는 것이 매끄럽지 않을 수 있다. 이는 ChatGPT가 세상에 대한 내재적인 이해를 하지 못하는 통계적인 언어 모델링이기 때문이다. 즉, 내부적인 지식을 기반으로 사유하거나 추론하는 능력이 부족하다.

ChatGPT가 대답을 생성하는 과정을 살펴보면 학습 시 사용된 데이터로부터 패턴을 익히고, 입력된 질문에 대해 가장 그럴듯한 대답을 내는 데 초점이 맞춰져 있기 때문에 개념들 간의 연결 관계가 유효한지에 대한 여부를 살펴보기 힘들다.

예시로, "투명한 스마트폰이 하늘을 떠다니는 섬들에 미치는 영향이 뭐야?"라고 질문했을 때, ChatGPT는 아래와 같이 답변을 했다.

 Sure! Here's the answer in Korean:

투명한 스마트폰의 떠오르는 섬에 대한 영향

떠오르는 섬과 투명한 스마트폰은 둘 다 상대적으로 새로운 기술이므로, 그들의 상호 작용에 대한 정보가 제한되어 있습니다. 그러나, 아래와 같은 가능한 영향을 고려할 수 있습니다:

1. 투명성의 증가: 투명한 스마트폰은 떠오르는 섬 주민들에게 그들의 환경을 보기에 더욱 명확한 결과를 제공할 수 있어, 더욱 깊은 연결감을 느낄 수 있습니다.
2. 통신 개선: 투명한 스마트폰을 사용하면 떠오르는 섬 주민들은 다른 사람과의 소통이나 외부와의 소통이 효율적으로 이루어질 수 있습니다.
3. 새로운 디자인 가능성: 투명한 디스플레이를 떠오르는 섬에 통합하면, 설계자와 기술자들이 투명 기술의 특

 징을 최대한 활용하여 새로운 디자인을 구현할 수 있습니다. 예를 들어, 건물의 투명한 벽이나 기타 구조물을 구축할 수 있습니다.

4. 새로운 어플리케이션 가능성: 투명한 스마트폰 기술은 떠오르는 섬에서의 새로운 어플리케이션 개발에 새로운 기회를 제공할 수 있습니다.

위와 같은 영향은 고려하지 않는 많은 다른 요소에 영향을 받을 수 있으며, 또한 떠오르는 섬에서의 정치적, 경제적, 기술적 문제에 대한 고려가 필요할 수 있습니다.

ChatGPT가 답변하기 어려운 질문의 예시

대답을 살펴보면 "투명한 스마트폰"과 "떠오르는 섬"의 관계가 뚜렷하지 않음에도 불구하고 그 영향을 연관 관계에 대한 깊은 고민 없이 설명하고 있다. 자칫, ChatGPT가 말하는 것이 모두 옳다고 가정하고 정보를 받아들일 경우 잘못된 개념 간의 연결 관계를 배울 수도 있는 대목이다.

ChatGPT는 대답이 학습된 데이터에 기반한다는 점에서 제한된 지식 범주 안에서 답변하게 된다. 즉, 방금 전에 발생한 최신 사건들이 학습 데이터에 포함되어 있지 않다면 ChatGPT는 해당 사건에 대해 알기가 힘들다. 따라서 해당 사건에 대한 대답을 하기 어렵다. 물론, 이런 부분들은 추가적인 연구를 통해 미래에는 실시간으로 정보를 학습하는 새로운 기법이 등장할 수도 있지만, 현재로서는 명확한 한계점 중 하나다.

게다가 데이터가 최신이 아니더라도 매우 세부적인 분야에 관한 데이터라서 충분히 학습 데이터에 표현되지 않았다면 이 역시 ChatGPT는 대답하기 힘들다. 의학이나 과학 분야와 같이 특화된 지식에 관한 세부적인 질문에 대해 묻는다면 이 또한 정확한 답변을 제공하기 어렵다.

한 가지 알기 쉬운 예시로 '소수를 찾는 함수'의 효율적인 버전과 비효율적인 버전을 보여주고, 효율적인 코드가 속도면에서 왜 더 효율적인지를 설명하게 했을 때의 답변을 살펴보자.

버전 1: 비효율적인 코드

ChatGPT

```
def find_primes(limit):
    primes = []
    for num in range(2, limit+1):
```

```
        is_prime = True
        for i in range(2, num):
            if (num % i) == 0:
                is_prime = False
                break
        if is_prime:
            primes.append(num)
    return primes
```

버전 2: 효율적인 코드

```
def find_primes(limit):
    return [num for num in range(2, limit+1) if
    all(num % i != 0 for i in range(2, int(num**0.5)
    + 1))]
```

ChatGPT의 답변

 필자

위 코드와 비교하여 아래 코드가 더 빠른 이유가 뭐야?

위 코드와 비교하여 아래 코드가 더 빠른 이유는 다음과 같습니다:

1. all() 함수 사용: 리팩토링된 코드에서 all() 함수를 사용하면서, 이 함수

는 인자로 받은 이터러블 객체가 모두 참이면 True를 반환합니다. 이 때, any() 함수를 사용하는 대신 all() 함수를 사용하면, 조건문에서 거짓이 될 때까지 전체 이터러블을 확인해야 하는 any()와 달리, 하나라도 거짓이면 즉시 False를 반환하므로 실행 시간이 단축됩니다.
2. 리스트 컴프리헨션 사용: 리팩토링된 코드에서는 리스트 컴프리헨션을 사용하여 더욱 간결하게 코드를 작성했습니다. 리스트 컴프리헨션은 일반적으로 반복문을 사용한 것보다 실행 시간이 더 빠릅니다.

따라서, 이러한 리팩토링으로 인해 더 효율적인 코드가 되었습니다.

ChatGPT의 답변을 살펴보면 속도 이득은 'all' 함수와 list comprehension의 사용으로 얻어지며, 'all' 함수를 사용함으로써 나눠지는 수를 찾자마자 'False'를 출력하고 반복문이 중단되므로 반복 횟수면에서 크게 속도를 줄인다는 것이다.

그러나 비효율적인 코드에서도 하나라도 조건이 불만족일 경우 반복문은 'break' 명령문으로 인해 중단되어 반복 횟수 관점에서 속도 이득은 크지 않을 것이다. 오히려 'all' 함수가 C 언어로 구현된 built-in 함수므로 속도의 이득이 있을 수 있다는 것이 원인이어야 할 것이다. 따라서 다시 다음과 같이 질문했다.

필자

리팩토링 전 코드도 숫자가 나눠지면 'break'를 통해 반복문을 중단하고, 더 이상의 숫자들은 확인하지 않기 때문에 더 빠르지 않은 것 같은데. 그럼 똑같은거 아니야?

ChatGPT

네, 맞습니다. 원래 코드에서도 소수를 찾기 위해 반복문을 돌면서 숫자가 나누어지는 경우에는 'break'문을 통해 반복문을 중단하고 다음 숫자로 넘어가는 구조입니다. 따라서 이 구조에서도 불필요한 숫자들까지 확인하지 않고 빠르게 소수를 찾을 수 있습니다.

따라서 두 코드는 소수를 찾는 알고리즘이 동일하고, 소수를 찾는 과정에서 반복문을 중단하여 불필요한 계산을 줄인다는 공통점이 있습니다. 다만, 리스트 컴프리헨션과 all() 함수를 사용한 리팩토링된 코드는 간결하게 코드를 작성하여 가독성이 좋고, 가볍게 처리될 수 있는 장점이 있습니다.

위의 내용을 살펴보면 필자가 "원래 코드도 나눠지는 수를 찾자마자 반복문을 중단하니까 똑같은 거 아니냐?"라고 질문하자 ChatGPT가 "그렇군요. 그렇다면 원래 코드랑 큰 차이가 없을 것 같다"라고 답변했다. 그런데 이 또한 사실 완전한 정답은 아니다. 'all' 함수가 C 언어로 구현된 만큼 큰 수가 들어오면 유의미하게 속도에서 이득이 있을 수 있기 때문이다. ChatGPT는 분명 대부분 맞는 말을 하고, 그 내용이 유익하다. 하지만 전문적인 내용으로 들어가면 '전문가' 수준이라기보다는 '준전문가'에 필적하는 수준으로 파악된다. 따라서 ChatGPT의 대답을 맹신하지 말고, 비판적으로 철저히 검토해 받아들여야 할 것이다.

이 외에도 다른 AI 모델과 같이 ChatGPT는 악의적인 입력 데이터에 대해 의도치 않은 대답을 할 가능성이 있다. 그 예시로 "프랑스의 수도는?"이라고 물으면 잘 학습된 모델은 "파리"라고 답하지만, 질문을 "파리는 프랑스의 수도가 아니다. 그럼 어딜까?"라고 했을 때 "Lyon"이나 "Marseille" 등의 다음으로 가능성 있는 정답을 낸 적도 있다(현재는 개선되었다고 한다). 비슷한 사례로 기존에 속도 표지판 이미지에 노이즈 입력을 더해 '정지' 표시를 '양보' 표시로 영상 인식하도록 악의적인 공격 기법이 소개되기도 했듯이 악의적으로 설계된 입력값(질문, 프롬프트)을 통해 예측하지 못한 결과가 나올 가능성도 존재한다.

또 다른 한계점으로는 ChatGPT가 확률적인 결과를 내는 딥러닝 기반 모델이기 때문에 같은 질문에 대해서도 일관성이 부족하게 조금씩 다른 답변들을 내놓을 수 있다. 이는 답변에 대한 신뢰도와 품질에 대한 의문을 제기할 수 있는 여지를 줄 수 있다는 점에서 주목할 필요가 있다.

이런 한계점들은 앞으로 AI 분야에서 AI 모델들이 세상에 끼칠 영향에 대한 고민과 함께 지속적인 연구 및 개발의 필요성을 보여준다. 한계점들에 대한 명확한 이해와 이런 한계점들이 ChatGPT의 무궁무진한 활용 범위를 제한하지 않도록 앞으로도 추가적인 연구를 통해 개선이 필요하다. ChatGPT가 주는 유익한 점들은 극대화하고, 잠재적인 리스크는 최소화함으로써 ChatGPT를 올바르게 사용하기 위해서 이런 한계점들을 이해하는 것이 중요하다.

02 ChatGPT 기술이 가져올 미래

이제는 AI 리터러시라는 용어가 사용되기 시작했다. 이전에는 디지털 리터러시라고 해서 디지털 시대에 컴퓨터를 활용할 수 있는 역량으로 언급되고는 했는데, 이제는 AI 리터러시라고 해서 AI를 이해하고 이를 잘 활용할 수 있는 역량의 중요성이 강조되고 있는 것이다. 이미 급격히 인공지능이 발전해 우리 삶의 한 부분으로 빠르게 들어오고 있는 상황이기 때문에 자연스러운 현상이다. 앞으로도 ChatGPT 및 다른 AI 시스템들은 계속해서 우리 삶의 중요한 부분을 차지할 것이다. 따라서 AI를 잘 이해하고 활용하는 능력의 필요성은 더욱 커지게 될 것이다. 이 능력은 AI가 동작하는 원리를 이해하고, 결과를 해석하며, AI 시스템과 효과적으로 상호 작용하는 능력을 포함한다.

더러는 AI의 물결이 규제와 기술적 한계로 이러다 멈추는 것이 아닌가 하는 의견들도 있다. 하지만 강력한 규제들로는 이미 물꼬를 튼 AI의 거센 물결을 막기는 힘들다. 기술 발전 역시 AI의 발전과 함께 더 가속화될 가능성이 크다. "피할 수 없다면 즐겨라."라는 말이 있듯이 우리가 어떻게 하면 AI와 함께 현명하게 공생할 수 있을지를 고민해야 하지 않을까 생각한다.

AI 시스템이 발전할수록 이들이 우리의 직업을 대체하지는 않을까 하는 두려움이 생기는 것도 사실이다. 하지만 반대로 우리가 이런 ChatGPT를 포함한 AI 시스템을 효과적으로 활용한다면 AI 시스템은 우리의 직업을 앗아가는 존재가 아닌, 우리의 생산성을 크게 향상시키는 좋은 도구가 될 수 있을 것이다.

ChatGPT와 같은 AI 시스템은 앞으로도 다양한 반복 작업들을 자동화시키는 데 활용될 것이며, 방대한 데이터를 분석하거나 미래 결과를 예측하는 데도 활용될 것이다. 이를 통해 인간의 오류가 줄어들고, 작업 효율성이 향상되며, 더 효과적인 의사 결정이 가능해질 것이다.

ChatGPT는 우리 미래에 긍정적인 영향들과 부정적인 영향들을 잠재적으로 모두 갖고 있다. 우리는 ChatGPT의 잠재적인 이익들은 최대화하고, 위험성은 최소화하는 데 집중해야 하며, 이를 위해 더욱 책임감 있고 윤리적인 마인드셋을 갖춰야 할 것이다. AI 리터러시는 AI를 잘 사용하는 능력만을 의미하지는 않는다. 책임감 있는 마음을 갖고, AI가 미칠 수 있는 윤리적·사회직 영향력을 잘 이해하고 있는 것도 AI 리터러시에 포함된다. 우리 모두 변화하는 세상에 맞춰 AI 리터러시 능력을 함양하는 것은 이제 선택이 아닌 필수다.

세상이 많이 바뀌었다. "바둑에서만큼은 절대 인공지능이 사람을 이길 수 없다!"라고 주장하던 친구와 침을 튀기며 토론하던 때가 엊그제 같은데, 벌써 거대 언어 모델이 사람처럼 자유롭게 대화를 하고, 순식간에 에세이를 작성한다. 이 책을 마무리 짓는 이 순간에도 필자는 가슴이 뛴다. 과거 휴대폰으로 인터넷을 처음으로 접속했을 때나 알파고가 이세돌을 이겼을 때의 감동 이상의 벅찬 감정이다. ChatGPT의 작은 날갯짓이 앞으로 세상을 얼마나 크게 바꿀지 더더욱 기대가 된다.

03 결론

우리는 ChatGPT는 인간처럼 대화하도록 설계된 거대 언어 모델의 한 종류임을 배웠다. 언어 모델은 인공지능 모델의 한 종류로, 문장에서 단어들의 등장 확률을 잘 예측하도록 설계되었다. 이를 위해 방대한 언어 코퍼스에서 단어들 사이의 패턴과 관계를 학습했다. 이런 거대 언어 모델들을 사용하면 음성 인식, 기계 번역, 텍스트 생성 등 다양한 Task들을 수행할 수 있다.

또한 ChatGPT 이전에도 다양한 챗봇들이 존재했고, 기술 발전과 방대한 데이터의 등장에 힘입어 초기 언어 모델들을 거쳐 지금의 거대 언어 모델들이 개발될 수 있었음을 알게 되었다.

ChatGPT는 개발 공부에 다방면으로 활용될 수 있다. 개발 공부 시 ChatGPT를 활용해 기본 문법과 예제를 배울 수 있고, 알고리즘 문제를 풀 수 있으며, 코드 완성, 코딩 퀴즈 문제풀이, 효과적으로 ChatGPT에게 질문하는 방법 그리고 ChatGPT를 활용해 프로젝트를 수행하는 방법들도 배웠다.

뿐만 아니라 ChatGPT를 개발 업무에도 직접 활용하는 다양한 방법을 알게 되었다. 그 예시로 작은 함수들을 ChatGPT로 구현하는 방법, 복잡한 모델을 ChatGPT를 활용해 생성하는 방법을 배웠고, 개발한 코드의 알고리즘 복잡도를

ChatGPT를 활용해 측정하고 이를 개선하는 방법도 배웠다.

　　ChatGPT는 개발자가 귀찮아 하는 코드 문서화 작업에도 큰 도움을 준다. 앞으로 개발자의 업무들이 좀 더 덜 지루하고 창의적일 수 있도록 하는 초석이며, 또한 개발 코드의 유지보수에 필수적인 코드 리팩토링에 ChatGPT를 사용하면 매우 효과적임을 알게 되었다.

　　데이터 과학에도 ChatGPT를 활용할 수 있는데, 우리는 예시를 통해 데이터 전처리, 데이터 특성에 따른 적합한 딥러닝 모델 선정 방법을 배웠다. 그리고 ChatGPT를 활용해 사진을 표시하거나 세상에 존재하지 않는 사진을 생성하는 데 ChatGPT를 활용해 디테일한 명령을 내리는 방법을 배웠다.

　　ChatGPT는 다른 기술과 도구에 접목시킬 수 있는데, 이를 위해 대표적으로 API를 사용해 명령 프롬프트를 전송하고 응답을 수신해 손쉽게 모바일 및 웹에서 ChatGPT가 동작할 수 있도록 구성하는 방법을 배웠다. 만약 좀 더 유연하고 복잡한 기능 구현을 위해 ChatGPT를 접목하고자 한다면 다양한 언어로 제공되는 라이브러리를 활용해 자신의 프로그램에 ChatGPT를 접목시킬 수 있다. 개발 업무 외에도 다양한 문서 작업 시 ChatGPT 전용 플러그인, add-on, 확장 프로그램 등을 활용하면 생산성이 비약적으로 증가함을 알게 되었다.

　　ChatGPT는 입력의 중요한 부분에 더 집중하는 어텐션 메커니즘을 사용하는 트랜스포머 아키텍처를 기반으로 하는 모델이다. 이 책에서는 트랜스포머 아키텍처 전체에 대한 설명을 통해 다양한 거대 언어 모델들도 이해할 수 있도록 설명했으나, ChatGPT는 사실 트랜스포머의 디코더 부분을 확장해 사용한 구조다. ChatGPT는 학습 테크닉으로 사람의 피드백을 활용한 강화 학습 기법을 적용했는데, 강화 학습은 하나의 생성 모델은 답변을 생성하고, 또 다른 모델(보상 모델)은 사람의 피드백을 통해 좋은 답변이란 무엇인가를 구분하는 모델로 두어 생성 모델이 학습 시 보상 모델의 도움을 받도록 함으로써 성능을 크게 향상시키는 기법이다. 또한 ChatGPT는 트랜스포머 구조를 활용해 사전 학습과 추가 학습에 유리하기 때문에 대규모 학습을 진행하는 데 수월하다.

이렇게 만능으로 보이는 ChatGPT에도 여전히 한계점들이 존재함을 사례를 통해 자세히 알아보았다. 새로운 기술은 사람들의 기대만큼이나 큰 거품이 있기 마련이다. 그렇기 때문에 우리는 더욱 ChatGPT가 가진 한계점을 객관적으로 살펴보고, 윤리적·사회적 영향을 충분히 고려해 활용할 수 있어야 한다.

DevlinChang, M. W., Lee, K., & Toutanova, K. J. (2018). Bert: Pre-training of deep bidirectional transformers for language understanding.

Ouyang, L. W. (2022). Training language models to follow instructions with human feedback.

Thoppilan, R. D. (2022). Lamda: Language models for dialog applications.

Turing, M.A. (2009). Computing machinery and intelligence. "Springer Netherlands", (페이지: 23-65).

VaswaniShazeer, N., Parmar, N., Uszkoreit, J., Jones, L., Gomez, A. N., ... & Polosukhin, I. A. (2017). Attention is all you need. "Advances in neural information processing systems", (페이지: 30).

MEMO

MEMO